高速铁路同相供电技术

宋奇吼 ◎ 著

西南交通大学出版社
·成 都·

图书在版编目（CIP）数据

高速铁路同相供电技术 / 宋奇吼著. —成都：西南交通大学出版社，2020.7
ISBN 978-7-5643-7508-9

Ⅰ. ①高… Ⅱ. ①宋… Ⅲ. ①高速铁路 – 供电系统 – 研究 Ⅳ. ①U238

中国版本图书馆 CIP 数据核字（2020）第 132240 号

Gaosu Tielu Tongxiang Gongdian Jishu
高速铁路同相供电技术
宋奇吼　著

责 任 编 辑	李芳芳
封 面 设 计	何东琳设计工作室
出 版 发 行	西南交通大学出版社 （四川省成都市金牛区二环路北一段 111 号 西南交通大学创新大厦 21 楼）
发行部电话	028-87600564　028-87600533
邮 政 编 码	610031
网　　　址	http://www.xnjdcbs.com
印　　　刷	四川煤田地质制图印刷厂
成 品 尺 寸	170 mm × 230 mm
印　　　张	9.25
字　　　数	208 千
版　　　次	2020 年 7 月第 1 版
印　　　次	2020 年 7 月第 1 次
书　　　号	ISBN 978-7-5643-7508-9
定　　　价	68.00 元

图书如有印装质量问题　本社负责退换
版权所有　盗版必究　举报电话：028-87600562

前言
PREFACE

近年来，电力电子技术的不断发展促进了大功率半导体器件向高频、高温、高压、大功率及智能化方向发展，为大功率半导体器件开拓了广阔的应用前景。在此背景下基于 IGBT 的逆变器技术逐步深入包括轨道交通供电系统在内的工业生产和人民生活的诸多领域。

由于大功率半导体器件逆变器的技术发展，使得长期困扰电气化铁路的三相不平衡、负序、谐波、无功、通信干扰、过电分相等问题得到了解决的可能，与传统铁路供电方式比较，高铁同相供电具有取消了电分相，避免机车过分相时的冲击和速度损失，提高了系统可靠性，牵引变电所一次侧取消了换相连接，提高了电能质量等优点，为智慧高铁的技术发展做出了创新和突破。

本书介绍了当前铁路牵引供电系统面临的技术发展机遇与挑战，总结了大功率半导体器件与电力电子技术发展趋势，系统梳理了大功率逆变器的原理、技术方案及发展方向，分析了同相供电技术拓扑结构和调制策略，讨论了同相供电系统方案实施的发展前景。

本书由南京铁道职业技术学院宋奇吼教授撰写。在成书过程中周昌松、王帅、陈莉、赵紫龙等诸位同仁参与了资料收集、文献检索与整理工作，得到了上海铁路局和西南交通大学诸多老师的支持和帮助，在此一并表示感谢。

本书受到江苏高校"青蓝工程"优秀教学团队项目（20171016）、教育部高铁安全协同创新中心暨江苏省高职院校高铁安全工程技术研究开发中心开放基金项目（GTAQ2019006）的资助。

  同相供电技术近年来发展快速，具有广阔的应用前景和市场需求，但无论是理论研究还是实际应用，在新技术开发、新理论创建和新装备应用等方面，都还只是开始，有很多难题需要解决。由于时间仓促，水平有限，书中难免有疏漏之处，敬请广大同行读者朋友批评指正。

作 者
2020 年 5 月于南京

目 录
CONTENTS

第一章　高铁牵引供电系统概况 ⋯⋯⋯⋯⋯⋯⋯⋯⋯⋯⋯⋯⋯⋯⋯⋯⋯ 001
　　第一节　高铁牵引供电系统简介 ⋯⋯⋯⋯⋯⋯⋯⋯⋯⋯⋯⋯⋯⋯⋯ 001
　　第二节　高铁牵引供电系统关键技术及目前存在的问题 ⋯⋯⋯⋯⋯ 008

第二章　同相供电技术概述 ⋯⋯⋯⋯⋯⋯⋯⋯⋯⋯⋯⋯⋯⋯⋯⋯⋯⋯ 019
　　第一节　同相供电技术特点 ⋯⋯⋯⋯⋯⋯⋯⋯⋯⋯⋯⋯⋯⋯⋯⋯⋯ 019
　　第二节　同相供电技术国内外研究现状 ⋯⋯⋯⋯⋯⋯⋯⋯⋯⋯⋯⋯ 020
　　第三节　同相供电存在的问题与不足 ⋯⋯⋯⋯⋯⋯⋯⋯⋯⋯⋯⋯⋯ 022

第三章　同相供电系统结构 ⋯⋯⋯⋯⋯⋯⋯⋯⋯⋯⋯⋯⋯⋯⋯⋯⋯⋯ 024
　　第一节　无源对称补偿的同相供电系统结构 ⋯⋯⋯⋯⋯⋯⋯⋯⋯⋯ 025
　　第二节　基于有源补偿的同相供电系统结构 ⋯⋯⋯⋯⋯⋯⋯⋯⋯⋯ 028
　　第三节　基于混合补偿的同相供电系统 ⋯⋯⋯⋯⋯⋯⋯⋯⋯⋯⋯⋯ 033

第四章　同相供电系统中的电力电子技术 ⋯⋯⋯⋯⋯⋯⋯⋯⋯⋯⋯⋯ 040
　　第一节　功率半导体器件与电力电子技术 ⋯⋯⋯⋯⋯⋯⋯⋯⋯⋯⋯ 040
　　第二节　IGBT 技术 ⋯⋯⋯⋯⋯⋯⋯⋯⋯⋯⋯⋯⋯⋯⋯⋯⋯⋯⋯⋯ 042
　　第三节　IGBT 结构 ⋯⋯⋯⋯⋯⋯⋯⋯⋯⋯⋯⋯⋯⋯⋯⋯⋯⋯⋯⋯ 047
　　第四节　大功率逆变器技术 ⋯⋯⋯⋯⋯⋯⋯⋯⋯⋯⋯⋯⋯⋯⋯⋯⋯ 062

第五章　同相供电系统控制策略 ⋯⋯⋯⋯⋯⋯⋯⋯⋯⋯⋯⋯⋯⋯⋯⋯ 088
　　第一节　同相供电系统补偿电流检测方法 ⋯⋯⋯⋯⋯⋯⋯⋯⋯⋯⋯ 088
　　第二节　基于潮流控制器的控制策略 ⋯⋯⋯⋯⋯⋯⋯⋯⋯⋯⋯⋯⋯ 099
　　第三节　基于 MMC 的有源滤波器控制策略 ⋯⋯⋯⋯⋯⋯⋯⋯⋯⋯ 108

第六章　贯通式同相供电系统 …… 118
第一节　贯通式同相供电系统概述 …… 118
第二节　贯通同相供电变电所拓扑结构 …… 120
第三节　贯通同相供电装置及工作原理 …… 121
第四节　仿真验证 …… 127

参考文献 …… 132

第一章 高铁牵引供电系统概况

第一节 高铁牵引供电系统简介

1964 年，世界上第一条高速铁路——东海道新干线在日本开通，高速铁路以其高效、快速、节能、安全、舒适、环保、准时等特点受到世界各国的关注，并呈现出蓬勃发展的势头。几十年来，日本、法国、德国、意大利大力发展高速铁路技术，高速铁路速度不断被刷新。经过几十年的发展，高速铁路进入了干线化、国际化、网络化的新的飞速发展时期[1,2]。

高速铁路的建设需要加强加快高速铁路各方面技术的研究。一方面，电力牵引在实现高速、重载、节能和环境保护方面具有显著的优越性；另一方面，电力牵引负荷的非线性、单相性与冲击性，会导致牵引负荷功率因数较低、注入电力系统的谐波与负序较大。高速铁路运行的源动力和关键系统——牵引供电系统，是保证列车运行高速、安全、可靠的关键系统之一。但目前高铁牵引供电系统还存在着许多问题，如三相不平衡、负序、谐波、无功、通信干扰、过电分相等，不仅对高速铁路的安全和可靠运行构成了威胁，而且大大降低了供电的效率与质量。因此，采用新的技术、寻找解决这些问题的措施，具有重要的现实意义[3]。

电力系统提供两路独立电源进线，由牵引变电所进行电能变换后送上牵引网，供电力机车取流实现电力牵引，如图 1-1 所示。牵引变电所、牵引网和电力机车组成了牵引供电系统。

一、牵引变电所、分区所、AT 所

牵引变电所的作用是将电力系统引入的 110 kV、220 kV 电压等级的三相交流电变换成 27.5 kV 的单相交流电，通过馈电线送至铁路沿线的接触网，为电力机车供电[4]。由于牵引负荷是单相负荷，为了尽可能将单相负荷均匀地分配到电力系统三相中，牵引变压器常采用特殊接线变压器，如

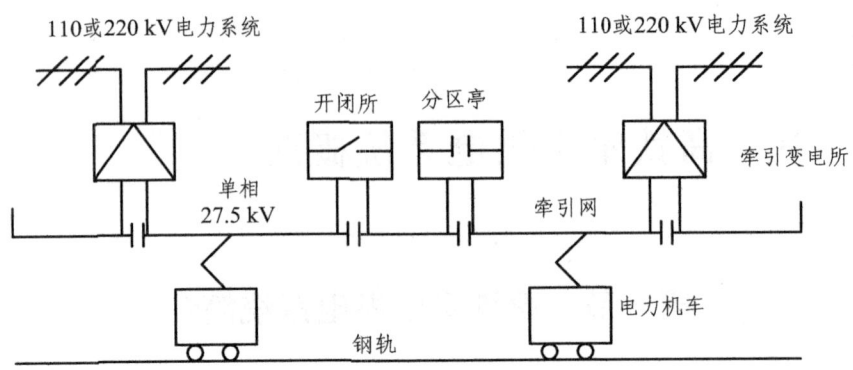

图 1-1 牵引供电系统示意图

V/V 接线、斯科特接线、阻抗匹配平衡接线等变压器。高速铁路采用 V/X 接线等牵引变压器。由于牵引变压器接线的特殊性和多样性,需要进一步研究适用的保护原理。

为了增加供电的灵活性,在两个牵引变电所的供电区中间常增设分区所,如图 1-2 所示。

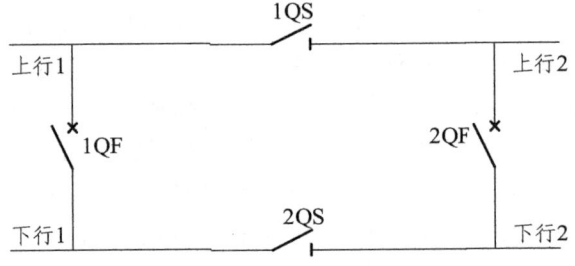

图 1-2 分区所主接线示意图

断路器 1QF、2QF 正常工作时闭合,实现上、下行牵引网并联运行。隔离开关 1QS、2QS 在正常运行时断开,当相邻牵引变电所发生故障而不能继续供电时,可以闭合 1QS、2QS,由非故障牵引变电所实现越区供电,使行车不至中断。

采用 AT 供电方式时,在沿线间隔 15~20 km 设置一个自耦变压器站(AT 所)。

二、牵引网

牵引网是由馈电线、接触网、回流线组成的多导线供电回路[5]。其供电方式主要有：直接供电方式、带吸流变压器（BT）的供电方式、自耦变压器（AT）供电方式和全并联AT供电方式。其中，BT供电由于大地回流和"半段效应"，其对通信线路的防护效果并不理想，同时由于"吸-回"装置使得接触网结构复杂，机车受流条件恶化，故目前已很少采用。

1. 直接供电方式

直接供电方式较为简单，是将牵引变电所输出的电能直接供给电力机车的一种供电方式，其结构如图1-3所示。其优点是结构简单、投资较少。但是直接供电方式回路电阻大，供电距离较短。同时由于牵引供电系统为单相负荷，该类供电方式的牵引回流为钢轨，是不平衡的供电方式，对通信线路产生感应影响大。

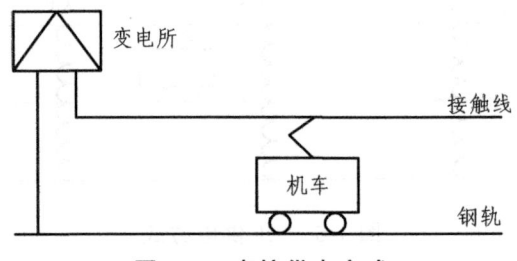

图1-3 直接供电方式

2. 带回流线的直接供电方式

为了克服对通信线路的干扰，带回流线的直接供电方式被提出，其结构如图1-4所示。利用回流线与钢轨之间的并联分流作用，使钢轨中的电流尽可能地由回流线流回牵引变电所，因而部分抵消接触网对临近通信线路的干扰。这种供电方式设备简单，因此供电设备的可靠性得到了提高；牵引网阻抗比直接供电方式低一些，供电能力好一些，造价也不太高，所以这种供电方式在我国普速电气化铁路上得到了广泛应用。

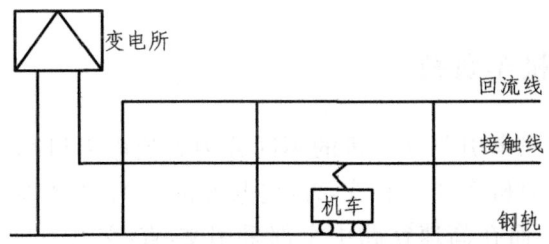

图1-4 带回流线的直接供电方式

3. AT 供电方式

随着铁路的提速以及高速、大功率电力机车的不断投入运行，牵引网需要提供更高的电能，为此引入 AT 供电方式，其结构如图 1-5 所示。牵引变电所主变输出电压为 55 kV，经 AT 向接触网供电，一端接接触线，另一端接正馈线，其中点抽头则与钢轨相连。在这种供电方式中，馈电电压高，供电能力强，牵引变电所的数量可以减少，从而可节省投资。而其接触线和正馈线中的电流近似大小相等且方向相反，所以牵引电流对通信线路的影响较小。目前，我国的大秦、京秦、郑武等普速电气化铁路线路就采用了 AT 供电方式。

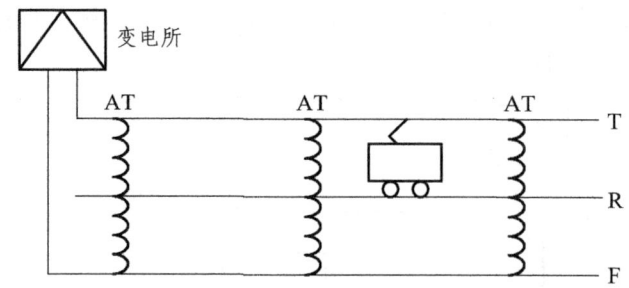

图 1-5　AT 供电方式

4. 全并联 AT 供电方式

为了进一步提高牵引网电压，减小牵引网电能损失，采用了牵引网的上下行线路在 AT 所和分区所处进行并联的接线方式，其结构如图 1-6 所示。我国高速铁路普遍采用全并联 AT 供电方式。由图 1-6 可以看到，这种供电方式下机车的负荷电流由于并联支路的存在将会有多个供电回路，减小了牵引网的阻抗，增强了供电能力。但是，在牵引网故障时，这种方式同样存在多个回路给短路点供电，使故障分析更加复杂，同时使其继电保护与普速铁路时有很大不同。

三、电力机车负荷

电力机车按照牵引驱动电机的不同分为直流电力机车（又称交-直电力机车）和交流电力机车（又称交-直-交电力机车）。在普速铁路中通常采用交-直电力机车，而在高速铁路中全部采用交-直-交电力机车。两种机车由于采用的整流电路不同，使得其谐波成分、功率因数等有很大区别，进而对其继电保护产生影响。下面对它们的整流电路做简单介绍和分析。

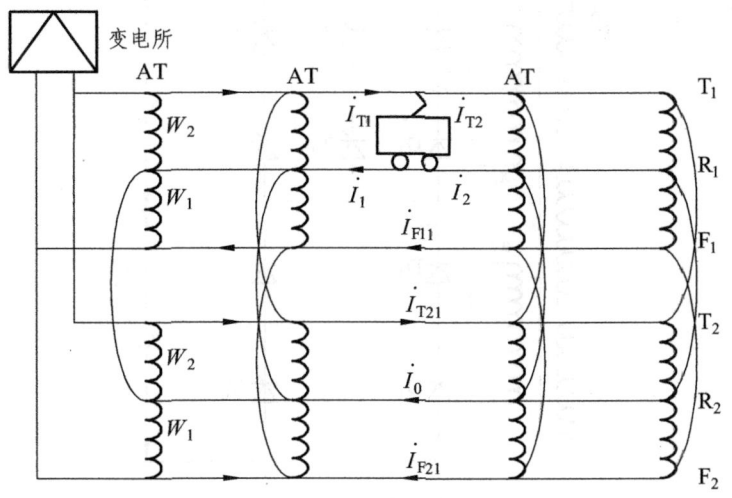

图 1-6　全并联 AT 供电方式

我国使用的交-直电力机车主要有三代。韶山 1 型为第一代电力机车，在 2014 年 9 月 19 日已经彻底退出运行。1979 年研制成功的韶山 3 型为第二代电力机车，于 2003 年已经停产。自 20 世纪 80 年代初起，我国相继研制成功了韶山 4 型~韶山 9 型系列的第三代电力机车，它们均采用多段半控桥式晶闸管相控整流电路。图 1-7 给出常用的三段不等分半控桥式整流电路。整流电路通过控制晶闸管的触发角来改变整流电压以实现调速，加之机车和平波电抗器为感性负载，使电流相位滞后于电网电压，导致机车功率因数降低。而由于整流的作用，在理想情况下网侧电流为方波，即产生高次谐波，由表达式 $i_T = \frac{4}{\pi} I_T \sin\omega t + \frac{4}{\pi} I_T \frac{1}{3} \sin 3\omega t + \frac{4}{\pi} I_T \frac{1}{5} \sin 5\omega t + \cdots$ 可知，谐波主要是 3 次、5 次、7 次等低次的奇次谐波。为了提高功率因数和减少谐波，交-直机车通常会加装功率因数补偿器（PFC）兼作滤波器，一般采用 RC、LC 和 RLC 形式。在基波网压的作用下 PFC 对基波呈容性，提供容性无功电流，减少相控整流机车滞后的负载电流，从而提高了功率因数；同时将 PFC 连接为对 3 次或 5 次的谐振电路，对 3 次、5 次谐波呈低阻性，减少了流向电网的 3 次或 5 次谐波电流。目前，交-直电力机车的功率因数在额定工况时通常为 0.8 左右，网侧电流中的谐波主要是 3 次、5 次、7 次等低次的奇次谐波，总谐波畸变率一般在 20% 以上。

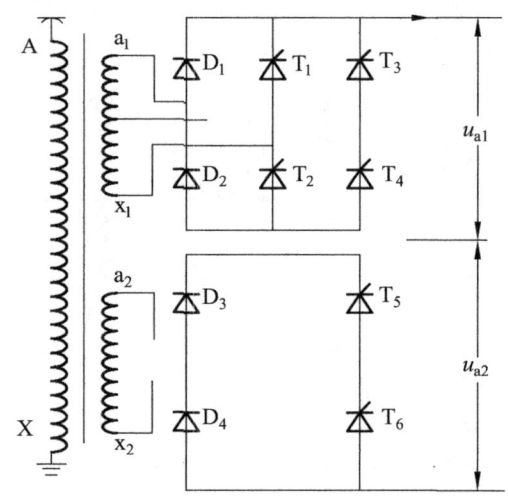

图 1-7 三段不等分半控桥式整流电路

对于交-直-交电力机车的研究始于 20 世纪 70 年代末，目前成功运用的有 HXD 系列电力机车和 CRH 系列动车组。我国高速铁路全部采用 CRH 系列动车组，它们的整流部分均采用四象限 PWM 整流器。图 1-8 给出了单相三电平四象限 PWM 整流器。整流器通过 IGBT 或 GTO 控制导通和关断角，控制机车主变压器低压绕组的整流，并进行多重 PWM 调制，使电流波形近似正弦波，同时电流与电压基本同相位。交-直-交电力机车或动车组的谐波含量低，功率因数高。机车运行时的功率因数大于 0.98，谐波中的低次谐波含量很少，而高次谐波含量有所增加，CRH_1、CRH_3、CRH_5 型动车组的主要谐波为 17~31 等各次谐波，CRH_2 型动车组的主要谐波为 50 谐波附近的各奇数次谐波，但所有动车组的总谐波畸变率较小，一般不超过 3%~5%。

通过上述对交-直电力机车和动车组的对比分析可以看出，普速铁路和高速铁路牵引负荷特性上有很大不同。首先是功率因数增大，其次是谐波含量和成分不同，最后牵引功率有很大增加。表 1-1 给出了我国常用的各型交-直电力机车和动车组的牵引功率。从表中可以看到，高速铁路的动车组牵引功率最大可达 20 400 kW。由于动车组一般按恒功率出力，在牵引网电压较低时负荷电流更大，最大时近 1 000 A，远大于普速铁路电力机车的单车负荷电流[6]。

第一章 高铁牵引供电系统概况

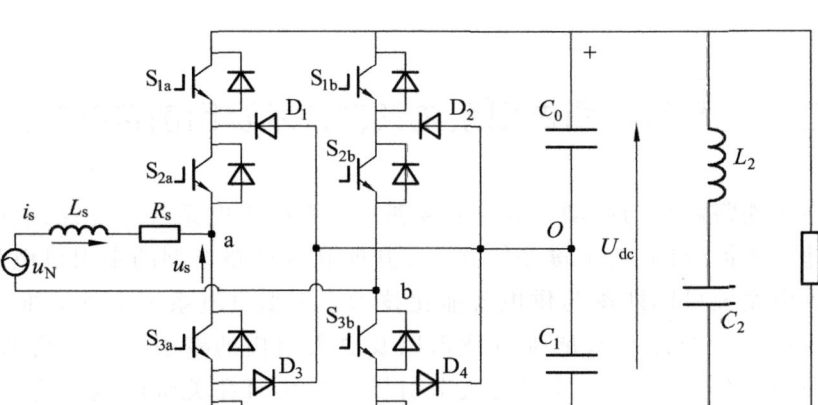

图 1-8 单相三电平四象限 PWM 整流器

表 1-1 交-直电力机车与动车组牵引功率

交-直机车型号	牵引功率/kW	动车组型号	牵引功率/kW
SS_1	3 780	CRH_{1A}	5 500
SS_2	4 440	CRH_{1B}	11 000
SS_{3B}	8 640	CRH_{1E}	11 000
SS_3	4 320	CRH_{2A}	4 800
SS_{4B}	6 400	CRH_{2B}	9 600
SS_{4C}	6 400	CRH_{2C}	8 760
SS_4	6 400	CRH_{2E}	9 600
SS_5	3 200	CRH_{3C}	8 800
SS_6	4 800	CRH_{5A}	5 500
SS_{7C}	4 800	CRH380A	8 800
SS_{7D}	4 800	CRH380AL	20 440
SS_{7E}	4 800	CRH380B	8 800
SS_7	4 800	CRH380BL	18 400
SS_8	3 600	CRH380CL	20 000
SS_9	4 800	CRH380D	5 500

第二节　高铁牵引供电系统关键技术及目前存在的问题

高速铁路运行的源动力和关键系统——牵引供电系统，是保证列车运行高速、安全、可靠的关键系统之一。开展高速铁路新型的牵引供电技术、牵引供电系统弓网匹配与供电智能化技术、牵引供电系统主动运维技术、牵引供电综合节能与效能提升技术以及更大规模的牵引供电综合监控系统的研发工作，不仅是目前高铁牵引供电系统研究关键问题，也是发展趋势。

一、关键技术发展趋势

（1）电气化铁路同相供电技术。

采用同相供电技术，可取消电分相环节，使机车平滑连续受流，从而保证了高速重载列车安全可靠运行。同相供电系统是指线路上不同变电所供电的区段接触网电压相位相同、线路上无电分相环节的牵引供电方式。

（2）弓网理论及匹配关系。

在速度持续为 350 km/h 及以上的高速铁路弓网中，接触网材料参数确定并在简单链型或弹性链型悬挂形式下，受电弓能否有良好的跟随特性，即能否可靠地受流、减摩耐磨性、抑制离线电弧和对环境的适应性，是在 350 km/h 及以上高速铁路弓网匹配中要解决的关键问题。

（3）牵引供电系统的智能化（智能供电系统）。

确保高速列车运行安全，全面了解掌握高速列车运行的状态，及时对高速列车运行情况进行判断以做出安全决策，也就是高速列车应该具有自我状态感知、自我诊断和主动预警、主动修复的功能。因此，下一代高速列车发展方向应该从提升运营速度转向朝着实现高速列车智能化的方向发展。

（4）牵引网及供电设备的安全性、可靠性。

在大规模高速铁路供电系统体系结构下，由于其功能的复杂化，使用设备急剧增多以及设备间的相互协调问题，需要建立一个协调、可靠、安全的牵引供电系统，牵引网及其设备的安全性、可靠性评估体系急需进一步完善适应高速铁路的发展。

（5）超大规模 SCADA 系统技术的应用。

当前高速铁路分布广、扩展空间巨大、控制点海量、设备种类繁多，如何有效地监控到每一个监视点，并根据监控所获得的海量数据进行分析监视高速铁路供电系统的状态和进行故障诊断，需要利用超大规模 SCADA 系统技术来解决这一现实问题。

（6）牵引供电新型节能技术。

随着中国高速铁路的快速发展，现有电气化轨道交通运行中能量损耗较大，因此，利用新能源技术、电力电子技术、新型再生制动储能与能量管理技术、节能变压器技术，研究高速铁路牵引供电综合节能与效能提升技术，构筑适用于新型多源系统的电能质量综合监控与治理系统，进而开发牵引供电系统综合能量监控系统与智能能量管理系统，对系统能量进行全面的优化管理，达到综合节能与效能提升的目标，具有非常重要的理论与现实意义。

二、目前存在的问题

目前，牵引供电系统还存在着许多问题，如三相不平衡、负序、谐波、无功、通信干扰、过电分相[7-10]等，不仅对高速铁路的安全和可靠运行构成了威胁，也大大降低了供电的效率与质量。因此，采用新的技术、寻找解决这些问题的措施，具有重要的现实意义。

（一）无功和谐波

1. 牵引负荷的特点

相对于三相电力负荷而言，牵引负荷电力机车具有显著特点，这些特点直接影响到电力系统的稳定安全运行、牵引供电系统的结构与运行以及供电设备的接线方式等。

牵引负荷的特点与机车类型直接相关，主要特点如下[11]：

（1）电力机车是单相、移动、冲击性负荷。负荷电流由于受到线路状况和机车本身运行工况多变因素的作用，具有随机剧烈波动性。

（2）交-直型电力机车是一种非线性、低功率因数负荷。工频单相交流电通过受电弓从接触网上取得给电力机车，机车变压器降压整流成直流电，供给直流牵引电动机。这种电力机车采用硅整流器或晶闸管整流器，具有很大的牵引功率。但由于谐波含量大、功率因数低，将会注入各次谐波电流给牵引供电系统和电力系统，成为一种谐波源。

（3）高速铁路采用交-直-交型电力机车或动车组。由于交直交机车采用了大功率电力半导体和计算机 PWM 控制技术，将 25 kV 工频单相交流电经牵引变压器降压后整流成直流电，再逆变成交流供交流电动机。交直交电力机车具有以下特点：① 动车组负荷大，对牵引供电能力要求高；② 短时集中负荷特征明显，易对系统产生冲击；③ 功率因数较高（各次谐波含量低；④ 针对紧急及事故情况，越区供电能力要求高。但是，在近期一段时间内，在既有线仍将以交-直型机车为主。

2. 无功功率对电力系统的不良影响

无功功率对电力系统的不良影响主要有以下几方面：

（1）无功功率的增加会导致线路中的电流和系统的整体视在功率增大，从而使发电机、输电线路、变压器和其他各类电气设备的容量增加。

（2）在一定的电力传输容量下，无功功率的增加会使有功功率降低，导致电力系统内多种电气设备的容量得不到充分利用。

（3）无功功率的增加会使发电机、变压器和输电线路的损耗增大，电力机车作为冲击性低功率因数负载，会造成电网电压的剧烈波动，严重危害公共电能质量，影响电力设备的安全运行。

3. 谐波对电力系统的不良影响

谐波对电力系统的不良影响主要有以下几方面：

（1）谐波电流会在变压器和输电线路中产生附加损耗，降低变电和输电效率。此外，由于输电线路上存在电感和对地电容，谐波在一定条件下会引发串联谐振或并联谐振，谐振所产生的过电压或过电流对电力设备具有很大的危害性。

（2）谐波会对电力系统中广泛存在的测量和计量仪器产生不良影响，导致电压电流表、功率表等仪表的测量准确度降低。

（3）谐波会对各类继电保护装置和其他自动装置产生影响，可能引起该类装置的误动或拒动，严重影响电力系统的安全运行，降低了可靠性。

据此，世界各国已制定了国家标准来限制谐波的含量。国际电工委员会（IEC）、电气电子工程师协会（IEEE）等推出了建议标准，如（IEC 6100/IEEE 519）。我国也制定相应的国家标准《电能质量公用电网谐波》（GB/T 14549—93）。

一般采用两种办法解决谐波污染的问题：一种是装设谐波补偿装置[12]进行补偿；另一种是改造谐波源，使其产生的谐波减少，如电力机车，采用四象限整流器，可提高功率因数并使机车的低次谐波大大减少。交-直-交机车就是一个很好的范例。

（二）负序电流

目前我国的电气化铁路供电系统广泛采用单相工频交流制，电力机车额定电压为 25 kV。除了单相牵引变压器外，主要通过三相-两相牵引变压器将 110 kV 或 220 kV 三相公共高压变为两相空载 27.5 kV 电压，分别接入牵引变电所两边的供电臂。我国采用的牵引变压器主要有 YNd11 接线变压器、YNvd 接线变压器、Vv 接线变压器、Scott 接线变压器和阻抗匹配平衡变压器等。上述接线方式的变压器均可以等效为图 1-9 所示的三相-两相牵引变压器形式。

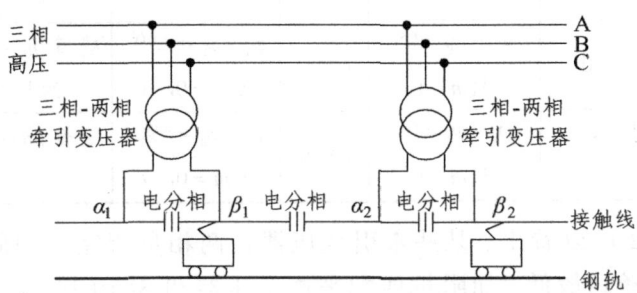

图 1-9　三相-两相牵引变压器模型

由于电力机车是非线性的单相交流负载，而正常运行的公共电力系统是三相对称的，这种牵引供电系统结构会严重破坏三相电力系统的对称性，从而产生负序电流。利用对称分量法可将牵引变压器一次侧三相电流分解为正序电流分量 I^+、负序电流分量 I^- 和零序电流分量 I^0，牵引变压器引起的三相不平衡度可表示为：

$$\varepsilon = \frac{I^-}{I^+} \times 100\% \tag{1-1}$$

在三相-两相牵引变压器中，两供电臂的负荷电流之比为：

$$m = \frac{I_\alpha}{I_\beta} \tag{1-2}$$

式中，I_α 和 I_β 分别为 α 和 β 供电臂的负荷电流，设 ϕ_α 和 ϕ_β 为其相位角，且 I_α 相位超前于 I_β，那么常用的牵引变压器产生的电流不平衡度特性如表 1-2 所示。

表 1-2 牵引变压器电流不平衡度特性

变压器类型	最小不平衡度 $\varepsilon_{\min}$	负荷情况	最大不平衡度 $\varepsilon_{\max}$	负荷情况	不平衡变化趋势
单相接线	100%	任何负荷	100%	任何负荷	不变
Vv 接线	0	$\varphi_\alpha - \varphi_\beta = 60°$ 且 $m=1$	140%	$\varphi_\alpha - \varphi_\beta = -90°$ 且 $m=1$	随着 $\lvert m-1 \rvert$ 或 $\lvert \varphi_\alpha - \varphi_\beta - 60° \rvert$ 的增大而增大
YNd11	0	$\varphi_\alpha - \varphi_\beta = -60°$ 且 $m=1$	140%	$\varphi_\alpha - \varphi_\beta = 90°$ 且 $m=1$	随着 $\lvert m-1 \rvert$ 或 $\lvert \varphi_\alpha - \varphi_\beta + 60° \rvert$ 的增大而增大
Scott	0	$\varphi_\alpha - \varphi_\beta = 0°$ 且 $m=1$	100%	$\varphi_\alpha - \varphi_\beta = \pm 90°$ 或 $m=0, \infty$	随着 $\lvert m-1 \rvert$ 或 $\lvert \varphi_\alpha - \varphi_\beta \rvert$ 的增大而增大
阻抗匹配	0	$\varphi_\alpha - \varphi_\beta = 0°$ 且 $m=1$	100%	$\varphi_\alpha - \varphi_\beta = \pm 90°$ 或 $m=0, \infty$	随着 $\lvert m-1 \rvert$ 或 $\lvert \varphi_\alpha - \varphi_\beta \rvert$ 的增大而增大

从表 1-2 可以看出，某些牵引变压器在两相负荷完全相同的情况下，可以将负序降到最低，如阻抗匹配平衡变压器和 Scott 接线变压器等，但对于电力机车这类大功率且具有非线性和随机性特征的负载，实际运行时平衡变压器几乎不可能出现两边负载对称的情况，所以负序电流难以避免[13-16]。而单相接线的牵引变压器由于始终会导致严重的负序，现已很少使用。负序电流对电力系统具有多方面的不良影响，主要体现在以下几点：

（1）负序电流会增加发电机转子的附加损耗和温升，引起附加振动。考虑到发电机的安全运行，各相电流都不允许超过额定值。如果存在负序电流，当电流最大的一相达到额定值时，其余两相电流就会小于额定值，因此，负序电流限制了发电机的出力。同理，负序电流也会使得变压器的容量得不到有效利用。

（2）负序电流会在感应电动机中产生负序旋转磁场，对转子造成制动力矩，从而降低电动机的出力，同时还会造成额外发热，甚至烧毁电动机。

（3）电流经过输电线路时，负序分量产生的有功功率为 0，导致电能损失，从而削弱了输电线路的输送能力。

（4）负序电流易导致电力系统中以负序分量为启动判据的继电保护装置和其他自动装置误动作，增加了保护装置的复杂性，降低了电力系统的稳定性和可靠性。

各国对负序电流都制定了严格的限制标准来防止其对电力系统和电力设备带来的严重影响，同时采取了以下措施限制系统不平衡程度在规定的标准范围内：

（1）由于高电压、大容量电源系统具有较强的承受不平衡负荷的能力，因此尽量采用高电压、大容量的电源供电，如法国采用 235 kV 电压等级，日本采用 154 kV、220 kV、275 kV 三种电压等级，西班牙采用 132 kV、220 kV 两种电压等级。采用三相-两相平衡牵引变压器，如日本广泛采用 wood-bridge 变压器和 Scott 变压器。我国主要采用阻抗匹配平衡变压器和 Scott 变压器。优点是：当两端口负荷完全相同时，变压器原边三相电流对称，不会产生负序电流；即使两端口负荷不完全相同，经过平衡变压器的作用，也能减弱系统的不平衡程度。

（2）采用不平衡补偿装置进行补偿，实现系统平衡，如日本采用单相负荷补偿装置（SFC）。

（3）采用轮换相序的接线方法，即各变电所的变压器原边依次轮换接入电力系统的不同相，虽然各变电所产生的负序电流数值不能改变，但换相接入的相序不同，负序电流相位也不同，多个不同相位的负序电流相加，可减小系统总负序电流。

（三）电分相

在电气化铁路供电系统中，由于牵引变压器负载侧两端的相位不同，其分界必须加装分相装置进行两相隔离。此外，为了降低牵引变电所在电力系统中产生的负序电流，通常采取牵引变电所轮换相序接入高压电网的措施。所谓轮换相序，就是将相邻牵引变电所的变压器一次侧轮换接入三相电力系统的不同相，反映到各相的总功率趋于一致，从而使得整体负序电流降低[17]。以单相牵引变压器为例，轮换相序的原理如图 1-10 所示，其中 T 为接触网，R 为钢轨。

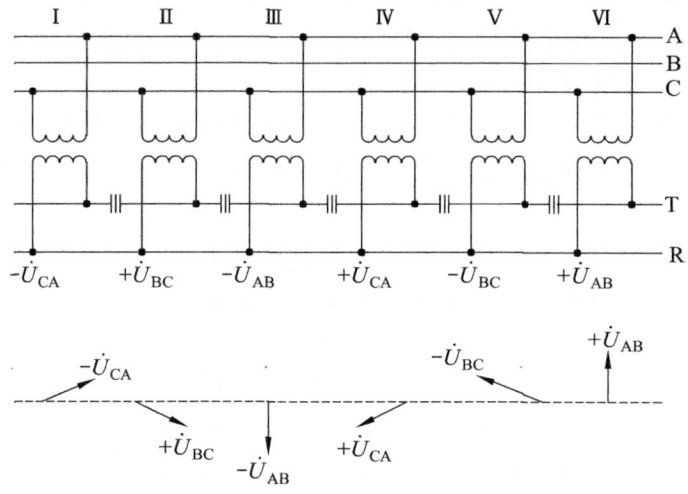

图 1-10　单相变压器轮换相序示意图

图 1-10 中，根据轮换相序的原理，Ⅰ~Ⅵ号单相牵引变压器的连接相序依次为 U_{CA}、U_{BC}、U_{AB}、U_{CA}、U_{CA}、U_{AB}，根据其相量关系可以看出，处于反方向的两相负序可以相互抵消，因此能够从整体上降低不平衡度。虽然轮换相序的接入方式可以在一定程度上降低负序电流，但由于相邻的牵引变电所接入不同相，负载侧电压相位不同，必须在相邻变电所之间加入分相装置，这样同一变电所出口处两相之间、相邻变电所供电臂之间均存在电分相装置，导致整个线路中电分相密集。由于电力机车的速度较快，经过电分相的频率非常高，电力机车在经过电分相时，必须进行切断主断路器、降受电弓、关闭辅助机组等一系列操作，依靠惯性经过电分相后，再重新升起受电弓取流。这个过程容易出现拉弧现象，产生过电压，且操作复杂程度和风险系数较高[18]。目前虽然有许多自动过分相措施可以降低过分相时司机的劳动强度[19]，但由于电力机车速度快，电流被频繁切断，使速度和牵引力遭受损失，不利于电气化铁路的高速化和重载化。此外，电分相装置故障率高，检修维护工作量大，是整个牵引供电系统中非常薄弱的环节。因此，必须设法减少甚至取消电分相装置[20]。

总之，电分相问题已成为我国当前牵引供电系统的技术瓶颈，而谐波、负序问题则成为电力部门与铁路部门同时关注的焦点，三者的存在严重制约了我国高速铁路的发展。因此，有必要寻求一种新的供电技术，在取消牵引变电所出口处电分相、消除供电瓶颈的同时，有效治理无功和谐波、负序电流，达到相电压不平衡度国标限值为主的电能质量要求，促进电力部门与铁路部门的共同与和谐发展[21]。

（四）电压波动及闪变

电气化铁道是典型的冲击型负载，其引起的电压波动非常大。供电系统的容量、网络参数和负载容量的大小等直接与电压波动的范围相关。如果系统同时接入其他用电负荷，则电压波动会则影响到它们。多数情况下，电压波动的最大受害者是电气化铁道牵引系统。

三、国内外研究现状

鉴于电气化铁路在整个交通运输行业的重要地位以及高速重载化的发展要求，研究新型牵引供电系统方案，为改造现有牵引供电供电系统和新建同相供电系统提供新的思路，促进电气化铁路供电系统的改革，对提高公共电能质量、改善人们出行条件、促进国家经济发展，均具有非常深远的意义。如何解决电气化铁路供电系统存在的问题，一直是各国相关专家学者的热门研究课题，日本、德国、中国、法国、澳大利亚等国家均在研究具有本国特色的解决方案。

日本对电气化铁路供电系统的研究较早，为了降低机车通过电分相时的操作复杂度，采用地面自动过分相系统，但其系统结构复杂，初期投资较大，且运维成本较高。为了缓解电气化铁路导致的电能质量问题，采用静止无功补偿装置（SVC）、有源电力滤波器（APF）和静止无功发生器（STATCOM）等方式[22-24]进行补偿，并成功运用了铁路功率调节器（RPC），其原理如图 1-11 所示，图中牵引变压器采用 Vv 接线方式，牵引变压器两负载侧分别为 α 相和 β 相，当两相的功率 $P_α$ 和 $P_β$ 不相等时，RPC 将重载侧的部分有功功率 P_C 转移到轻载侧，其中 P_C 为两侧负载有功功率之差的二分之一。在实现三相不平衡补偿的同时，RPC 还负责补偿负荷产生的无功和谐波。目前 RPC 已成功运用多年，其良好的补偿效果得到了广泛认可，但仍然遗留了电分相问题。此外其所需的背靠背变流器和相应的变压器容量大，初期投资和运行成本高。

法国的电气化铁路一般接入 225 kV 或 400 kV 的高电压，由于其电压等级高、短路容量大，由电力机车引起的一系列电能质量问题对电力系统的影响得到缓解；采用分段供电的方式，为了降低不平衡度，牵引变压器以轮换相序的形式接入高压电网，导致接触网中存在大量的电分相。为了抑制无功和谐波，在牵引变压器负载侧加装无功补偿和滤波装置。

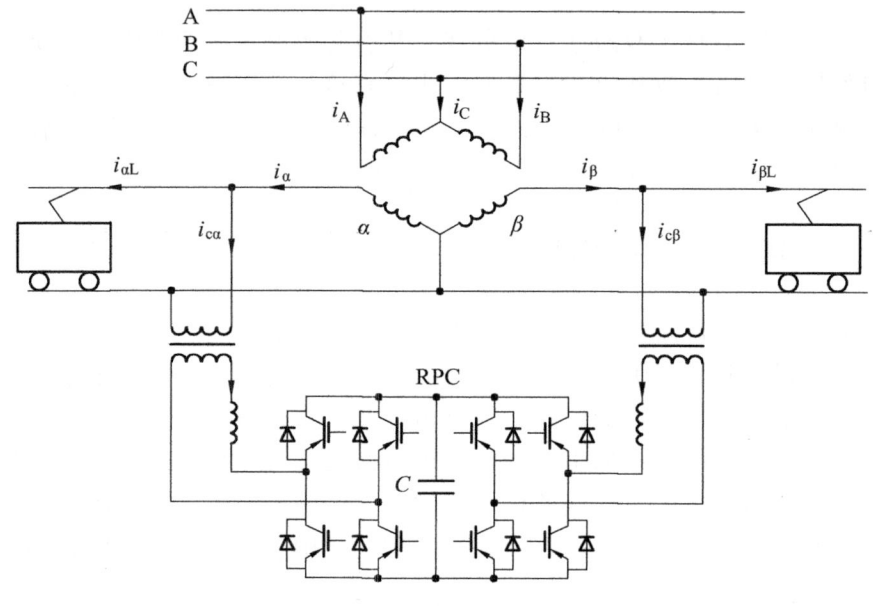

图 1-11　RPC 补偿原理图

澳大利亚的牵引供电系统中，主要采用 SVC 补偿无功和谐波，得到了良好的补偿效果，电能质量明显改善，但是其补偿代价大，存在电分相问题。

德国的电气化铁路供电系统比较特殊，采用自建电网产生 15 kV/16.7 Hz 的单相交流电供给电力机车，这种供电方式能够使整个供电线路的电压具有相同的幅值、频率和相位，不需要电分相装置。由于牵引供电系统与公共电网隔离，不会对公共电网产生不良影响。德国模式是一种较为理想的同相供电方式，具有非常明显的优势，但其 15 kV/16.7 Hz 的电压制式与其他各国的主流电压制式不兼容，且自建电网的费用昂贵，单个牵引变电所的容量小，供电臂较短。鉴于上述诸多因素，德国模式很难在其他国家推广。

我国的电气化铁路供电系统兼具日本和法国的特点，由三相-两相牵引变压器将三相高压转换成两相 27.5 kV 电压分别接入左右供电臂,高压侧逐步由 110 kV 向 220 kV 过渡,结合 AT 供电方式,提高牵引变电所的供电能力;牵引变压器广泛采用 YNd11 接线、Vv 接线和 Scott 接线等形式,结合轮换相序的方式改善不平衡度;加装车载自动过分相装置,降低电力机车通过电分相时的操作复杂度。

全方位改善牵引供电系统,为电力机车提供一个安全、可靠、稳定的运行环境,具有非常重要的意义。电气化铁路供电系统导致的无功、谐波、电压波动和闪变等电能质量问题,以及其自身存在电分相的弊端,在当前大力发展高速化和重载化铁路运输的情况下变得更加严重。对于上述诸多问题,比较理想的综合解决方案是同相供电,并进一步实现贯通式同相供电。相对于现有的三相-两相牵引供电方式,同相供电具有多方面的突出优势。

2010 年世界上第一套基于平衡变压器和动态补偿装置(APC)的电气化铁路同相供电系统在我国成昆线眉山牵引变电所成功运用,牵引变电所内的电分相得以取消,电能质量也有了明显改善。此后动态平衡补偿装置与 YN, d11 接线变压器[26]、阻抗匹配平衡变压器[27]、Scott 接线变压器[28]、Vv 接线变压器[29]、YN, vd 接线变压器[30]等常用牵引变压器构成的同相供电系统方案均被提出。为了保持牵引变电所和补偿装置的独立性,又进一步出现了组合式同相供电系统[31-33],并于 2014 年在我国山西铁路综合试验段成功投入运行,基于平衡变压器和对称补偿的同相供电方案理论逐渐被完善。与此同时,电力电子技术的发展和电力开关器件耐压耐流水平的大幅度提高,为越来越多的同相供电方案创造了条件。研究更先进的电气化铁路供电方案,逐渐得到各国相关科技工作者的重视。

首先,同相供电方案可以同时缓解牵引变电所给公共电力系统带来的无功、谐波、负序等电能质量问题,克服当前各类补偿方法功能单一的缺点,使牵引供电系统更加稳定可靠,电能质量更高。

其次,同相供电能够减少电分相的个数,若实现了贯通式同相供电,则电分相装置可完全取消,电力机车电流不被切断,速度和牵引力不受损失,有利于电气化铁路的进一步高速化和重载化。贯通式同相供电方式中,相邻的牵引变电所容量可以相互支持,当某个牵引变电所出现故障时,机车可暂时从附近的其他牵引变电所取得电能,这是一种特殊的备用方式,其可靠性较高。

与此同时,基于三相-单相变换的同相供电方式可以友好接纳其他能源的接入，如太阳能、核能、风能、水能等新型清洁能源。在当代化石能源日益短缺、环境污染亟待治理的情况下，能源必然会逐渐趋向于多元化。电气化铁路供电系统作为一种特殊的大功率负载，能够友好接纳清洁能源，将有利于保护环境，促进新能源的发展。

第二章 同相供电技术概述

第一节 同相供电技术特点

同相供电是指电气化铁路全线牵引变电所的输出电压相位相同[68, 69]，最理想的情况是全线贯通供电[70, 71]。在既有线的基础上，可采用牵引变压器不同接线方式并配有不同的同相供电装置，即可实现同相供电。与现有供电系统相比，同相供电系统具有诸多优点：全线各牵引变电所具有相同结构和接线方式，牵引侧电压相同，取消了电分相，避免了机车过分相时的冲击和速度损失，提高了系统可靠性，一次侧取消了换相连接，减小了负序电流，提高了电能质量。

高速电气化铁路牵引变电所如果广泛采用同相供电技术，那么就可以省去变电所之间的电分相，达到牵引供电线路同一相位供电的目的，有利于提高列车运行速度，提高线路通过能力，实现了电力行业与铁路运输行业的和谐发展。

一、基于既有牵引变压器的补偿同相供电系统特点

基于既有牵引变压器的同相供电系统是指牵引变电器的某一相向接触网供电，并借助无源元件电抗器、电容器在牵引变电所实施三相-单相对称补偿，使单相负荷在三相电力系统中近似等效为对称阻性负荷，实现对牵引负荷产生的负序和无功的综合补偿，从而改善电能质量问题，是早期的同相供电技术方案之一。

基于既有牵引变压器的同相供电系统对牵引变压器接线形式有特殊要求，最常用的形式是采用不等边 scott 接线、不等边 YN,vd 接线、不等边 Vv 接线和不等边 YN,2d 接线等。补偿装置需要根据牵引变压器接线方式进

行设置。与有源设备相比，同等容量条件下的无源设备体积较大。

基于既有牵引变压器的同相供电系统在一定程度上实现了负序和无功的综合补偿，但其动态性、灵活性较差，易发生高频谐振，且需要额外的滤波装置实现谐波补偿。

二、贯通式同相供电系统特点

贯通式同相供电系统是指以电力电子器件为核心在牵引变电所实施三相-单相对称补偿，并兼顾有源滤波功能。一般采用有功补偿模式，即使用同相补偿装置与变电所的各种接线变压器相配合补偿产生的负序和无功，较好地克服了基于既有牵引变压器同相供电系统存在的不足，具备实时的动态调节能力，能够根据系统需求实现满意度补偿，且适用于再生制动工况，是当前牵引供电系统发展的趋势。

贯通式同相供电系统的主电路无一例外地采用以电容元件作为直流侧储能元件的电压型 PWM 变流器。目前，同相牵引供电系统有源补偿装置形式多种多样，按其构成形式归纳起来，可分为"交-直-交"型和"交-直"型两大类。其在提升高速铁路供电能力、治理负序电流、消除供电瓶颈、增强节能效果等方面有更为显著的成效和价值。

第二节　同相供电技术国内外研究现状

由于同相供电技术的诸多优点，各国学者纷纷展开了对同相供电技术的研究，目前，对电气化铁路电能质量治理问题研究较多的有德国、法国、日本等国家。德国牵引供电系统主要采用分散式同相供电和集中式同相供电两种方式。两种供电方式的本质均为同相贯通供电系统牵引供电系统，都不存在电分相，能够安全可靠地为牵引负载供电[72]。但是德国采用非工业频率的 15 kV、16.7 Hz 的低频交流供电模式同相供电制式与世界各国广泛采用的 25 kV、50 Hz 工业频率无法兼容且成本高昂，使其难以推广。近年来随着电力电子技术的发展，德国建成了多个基于电力电子技术的三相-单相牵引变电所，经降压变压器从三相电网取电，通过三相整流、单相逆变为电气化铁路牵引负载提供电能，全线贯通且电能质量好[73]。

日本于 2002 年成功研制铁路静止功率调节器（Railway Static Power Conditioner，RPC），并已经在日本新干线投入使用，RPC 的补偿原理是通过在平衡变压器两端口安装背靠背变流器，调节两端口之间的有功功率并补偿各个端口的无功功率和谐波，但是，RPC 仅起到了补偿的作用，没有取消电分相[74]。法国在治理电气化铁道引起的电能质量问题时采用的方法是在三相交流电网侧安装大容量的补偿装置。

目前，国内对同相供电的研究主要集中在两个方面：基于无源对称补偿的同相供电方式和基于有源同相补偿装置与不同接线方式的牵引变压器组合的同相供电。由于牵引负荷的随机性和波动性很大，基于无源补偿的同相供电方式很难实现动态补偿，而有源补偿能够实现对实时负载的动态补偿，且响应快、精度高，是目前国内学术研究及工程实践的重点方向。2010 年 10 月 28 日，我国首套同相供电装置在成昆线眉山牵引变电所投入运行；2015 年 1 月，我国首套单三相组合式同相供电装置在山西省中南通道重载综合试验区沙略牵引变电所投入运行，这标志着我国同相供电技术进入了组合式同相供电技术这一新阶段。

现有的组合式同相供电系统主要有单相组合式同相供电系统和单三相组合式同相供电系统[75, 76]。单相组合式同相供电系统如图 2-1 所示，该系统主要由同相供电变流器 ADA 和平衡变压器组成。单相组合式同相供电系

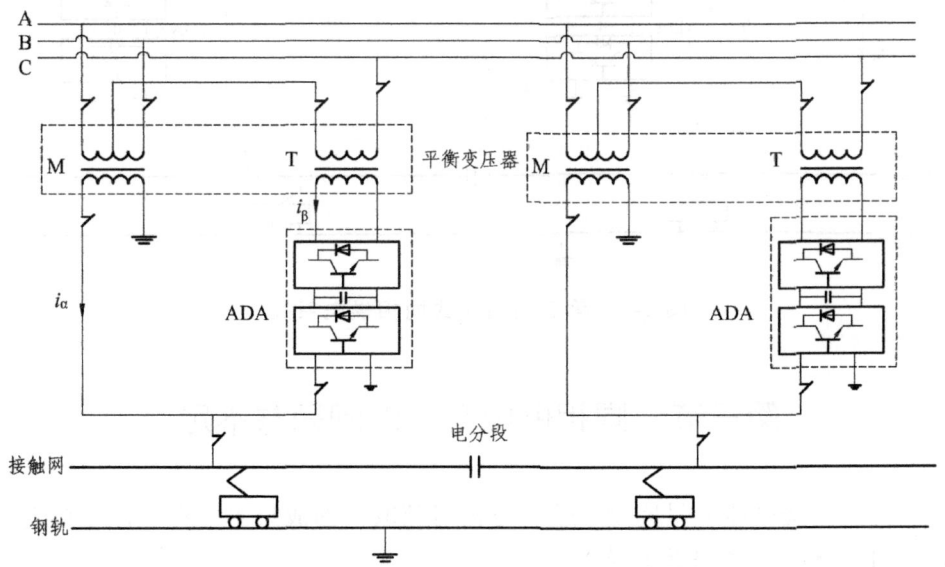

图 2-1　单相组合式同相供电系统

统的两台单相牵引变压器采用 Scott 接线方式。平衡变压器次边底座（M）、高座（T）输出幅值相等，相位相差 π/2 的两相对称电压，两台单相牵引变压器可共箱布置，集成度高，节约成本，便于施工。当同相补偿装置 ADA 正常运行时，平衡变压器 T 座通过同相补偿装置和 M 座一起给牵引负荷供电，当同相补偿装置 ADA 故障时，β 相退出运行，暂时由平衡变压器 M 座为牵引负荷供电，牵引供电系统短时内能维持正常工作。单三相组合式同相供电系统如图 2-2 所示，同相供电变电所由同相补偿装置 CPD 和单相牵引变压器 TT 组成。同相补偿装置由交直交变流器和高压匹配变压器组成。单相组合式同相供电牵引变电所和单三相组合式同相供电牵引变电所次边输出两相正交电压，再通过交直交变流器控制功率的流动，使组合式同相供电牵引变电所次边输出电流正交，从而保证电力系统三相对称。

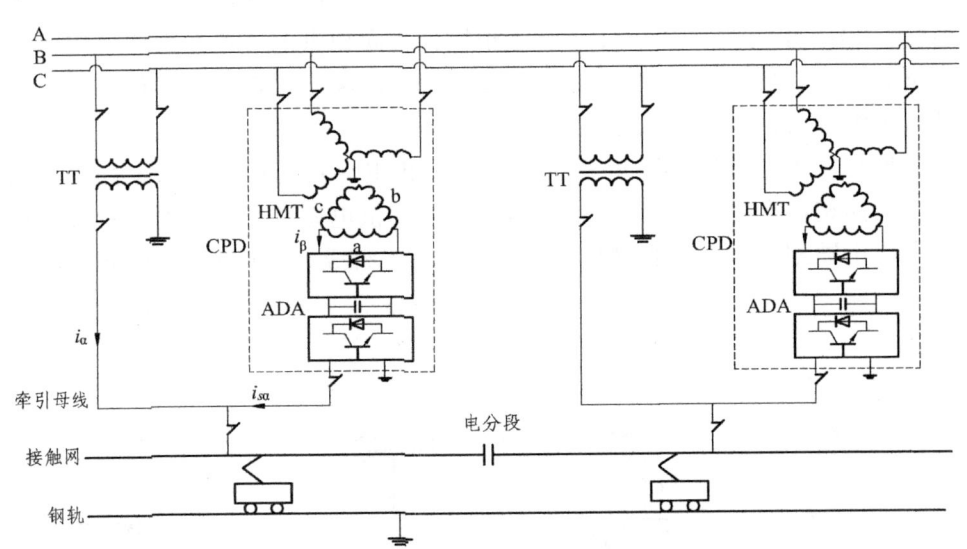

图 2-2　单三相组合式同相供电系统

第三节　同相供电存在的问题与不足

目前围绕电能质量问题、过电分相问题取得的成果主要存在以下问题：
（1）解决方案缺乏全局性。

目前大部分解决方案仅针对以上问题的一项提出解决方案，缺乏对以上三种方案的综合解决思路。

（2）设备复杂且繁多。

为全面解决以上问题，需要在牵引供电系统中安装的设备大量增加，这一方面增加了投资；另一方面，设备的增加给系统的复杂性和可靠性提出了更大的挑战。

德国的同相牵引供电可解决过分相问题，对避免影响公用电网的电能质量也是有益的，然而，由于历史和成本的原因，我国不可能照搬德国自建电网这种模式。基于中国现有的异相供电方式国情，可对我国现有异相供电系统进行适当改造[77]，构建同相供电系统方案，并逐步奠定实现同相供电的基本基础理论。受电力电子技术发展的限制，早期的同相供电技术方案不得已采用不可调的无源元件，以负序补偿核心，兼顾无功补偿，前期的研究也围绕基于无源补偿方式下的系统结构、控制策略、容量优化方面的研究[78]。随着电力电子技术和控制技术的发展，采用可调的有源补偿成为可能，为实现负序、无功、谐波的完备补偿提供了可能，一些学者对这种有源补偿做了一些有益的探讨，提出了基于平衡变压器、变压器的同相供电实现方案[79]，探讨了不同供电方式下的同相供电实现方案。总结前人的研究发现，基于有源补偿的同相供电技术和基于无源补偿的同相供电技术理论体系相对完善，从理论分析、仿真验证上验证了各种结构方式下实现同相供电系统的可行性，对促进同相供电技术的进步具有重要意义。然而目前的研究存在如下不足：

（1）基于有源补偿的同相供电技术价格昂贵，在系统结构上仍有改进的空间。

（2）基于无源补偿的同相供电技术在控制上不够灵活，应对具有冲击性特点的牵引负荷面临困难。

（3）在同相供电系统的控制策略上主要采用完全补偿的控制策略，在满意优化补偿条件下的控制策略、装置容量优化设计、变器容量优化设计方面研究甚少。

（4）缺少基于实际同相供电系统的验证分析。

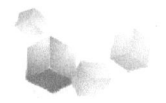

第三章 同相供电系统结构

实现同相供电系统的简单方法就是直接采用全线单相变压器，单相变压器接入三相系统中的同一相，实现全线同相供电，但这种方式将导致三相系统的严重不对称。因此，同相供电系统的构建应与单相三相对称变换相结合，构建具有单相三相对策变换特性的同相牵引供电系统。从这个意义上讲，实现同相牵引供电系统的本质为单相三相对称变换。鉴于目前可行的技术手段，实现单相三相对称变换主要有两种方式：

（1）通过基于电力电子变流器技术实现单相三相对称变换。

（2）通过基于三相变压器原边或次边端口施加补偿，实现单相三相对称变换，又称之为基于对称补偿技术的单相三相对称变换。

目前电力电子器件价格昂贵，该技术很难推广。通过在变压器的原边或次边端口增加补偿装置来实现单相三相对称变换，可有效利用现有的技术设备，以此方式构建同相供电既符合我国电气化铁路的特点，又相对比较经济。

基于对称补偿技术的单相三相对称变换，从补偿电流的性质上分类，可分为如下几种方式：

（1）基于无功补偿的对称补偿技术。

（2）基于有功补偿的对称补偿技术。

（3）基于无功、有功综合补偿的对称补偿技术。

将有功分配与无功补偿相结合构成有功无功综合补偿，实现补偿端口电流的相位和幅值大小均可实时调节，提高了对补偿端口选择的灵活性。交-直-交四象限变流器即是无功、有功综合补偿的实现手段之一。

基于对称补偿技术的单相三相对称变换，从补偿设备的性质上分类，可分为如下方式：

（1）基于无源元件构成的无源对称补偿，如采用电抗器、电容器。

（2）基于有源元件构成的有源对称补偿，如采用、背靠背四象限变流器等。

（3）基于无源、有源元件相结合的混合对称补偿系统。

第一节 无源对称补偿的同相供电系统结构

一、Vv、YNd11 类无源对称补偿同相供电结构

YNd11 及 Vv 接线方式的无源对称补偿同相供电连接图如图 3-1 所示。

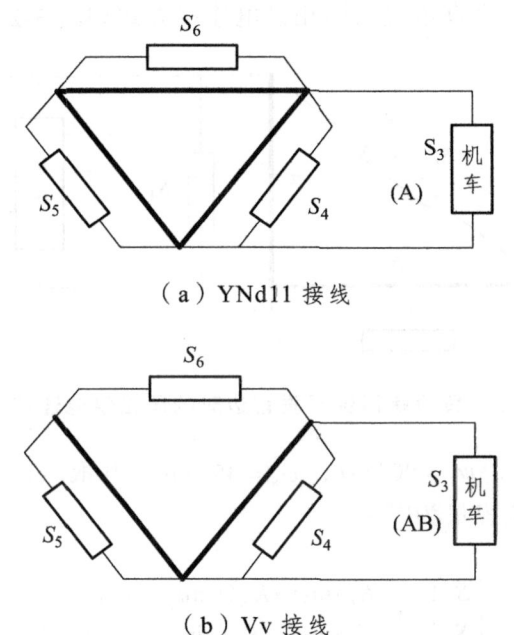

图 3-1 YNd11、Vv 接线方式下的同相供电连接图

由于两者均为 120°接线，所以补偿设置相同。以 YNd11 接线为例，S_4、S_5 和 S_5 分别为 A 相、B 相和 C 相的无源补偿容量，S_1 为机车负荷容量；分别设定 A 相、B 相和 C 相的端口电压的相位角为 ψ_4、ψ_5、ψ_6，机车所在端口电压的相角设为 ψ_1，机车的功率因数角为 φ_1。以机车负荷安排在端口 A

相为例,则 $\psi_1=\psi_4=0°$,$\psi_5=120°$(滞后 $U_A 120°$),$\psi_6=-120°$(超前 $U_A 120°$)。根据无源对称补偿理论,可得:

$$\begin{bmatrix} S_4 \\ S_5 \\ S_6 \end{bmatrix} = \frac{1}{3} \begin{bmatrix} (K_C+2K_N)\sin\varphi_1 \\ K_C\sin\varphi_1+2K_N\cos(\varphi_1+30°) \\ K_C\sin\varphi_1+2K_N\cos(\varphi_1+150°) \end{bmatrix} S_1 \quad (3-1)$$

其中,K_C、K_N 尤为无功补偿度和负序补偿度,设定不同的 K_C、K_N,可实现无功和负序的满意补偿或完全补偿。

二、平衡变压器类无源对称补偿同相供电结构

负荷端口位于垂直边时的同相供电连接方式如图 3-2 所示。

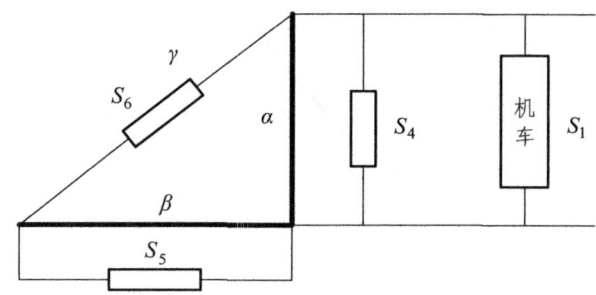

图 3-2 负荷端口位于垂直边时的同相供电连接方式

令 $\psi_1=\psi_4=\theta$,$\psi_5=90°+\theta$,$\psi_6=45°+\theta$,并取端口 1,即 α 相为负荷相,可得无源补偿容量为[80]:

$$\begin{bmatrix} S_4 \\ S_5 \\ S_6 \end{bmatrix} = \frac{1}{2} \begin{bmatrix} K_C\sin\varphi_1+K_N(\sin\varphi_1-\cos\varphi_1) \\ K_C\sin\varphi_1-K_N(\sin\varphi_1+\cos\varphi_1) \\ 2K_N\cos\varphi_1 \end{bmatrix} S_1 \quad (3-2)$$

图 3-2 所示的同相供电连接示意图适合于任何平衡变压器的接线方式,如在变压器、阻抗匹配平衡变压器中均可应用。

负荷端口位于斜边的同相供电系统最早由日本学者新井浩一提出,如图 3-3 所示,牵引负荷由平衡变压器的斜边端口供电,无源补偿元件接入

平衡牵引变压器的两个垂直端口，垂直端口的两个补偿性质相反：一个为感性，另一个为容性。

$$\begin{bmatrix} S_4 \\ S_5 \end{bmatrix} = \frac{1}{2} \begin{bmatrix} K_C \sin\varphi_1 + K_N \\ -K_C \sin\varphi_1 + K_N \end{bmatrix} S_1 \qquad (3\text{-}3)$$

若牵引负荷为非阻型负载，则两个垂直端口的电压不相等，要求牵引变压器电压为不等边牵引变压器。交直交车的功率因数接近 1，可认为是阻性负载，在此条件下，牵引变压器垂直端口的电压相等即可，形成等边平衡牵引变压器，即采用常用的牵引变压器即可。图 3-3 为负荷位于斜边的同相供电系统结构。

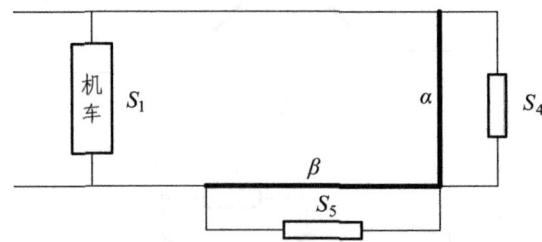

图 3-3　负荷位于斜边的同相供电系统结构

三、Vx 无源同相供电

Vx 接线变压器次边端口较多，可实施无源补偿的结构形式也更多，典型的可实施的补偿形式如图 3-4 所示。Vx 的无补偿原理与 Vv 类牵引变压器接线形式的补偿策略相似，故不再赘述。

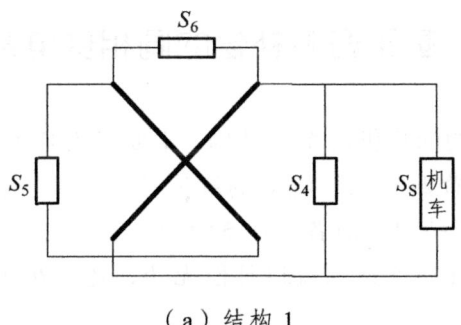

（a）结构 1

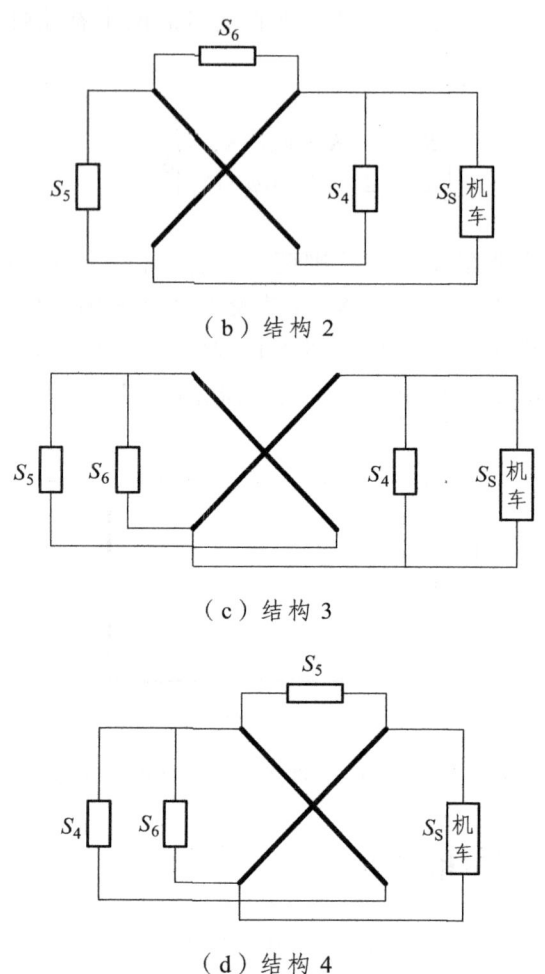

(b)结构2

(c)结构3

(d)结构4

图 3-4　Vx 接线的无源补偿同相供电结构图

第二节　基于有源补偿的同相供电系统结构

基于有源补偿的同相供电系统结构，主要分为基于 SVG 的同相供电系统结构和基于背靠背四象限变流器的潮流控制器（Power Flow Control，PFC）同相供电系统结构。前者只在 SVG 所连接的端口补偿感性或容性无功，后者则不仅可在所连接的端口补偿无功，还可在所连接的两个端口之间交换有功。

一、Vv、YNd11 类有源对称补偿同相供电系统结构

采用 SVG 的同相供电系统结构如图 3-5 所示，其补偿的原理与无源相同，用 SVG 代替其无源器件。

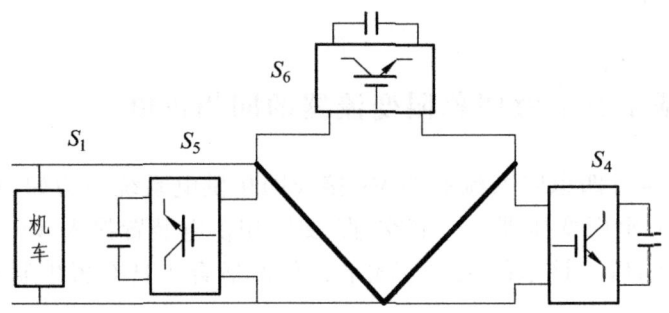

（a）牵引负荷位于滞后相

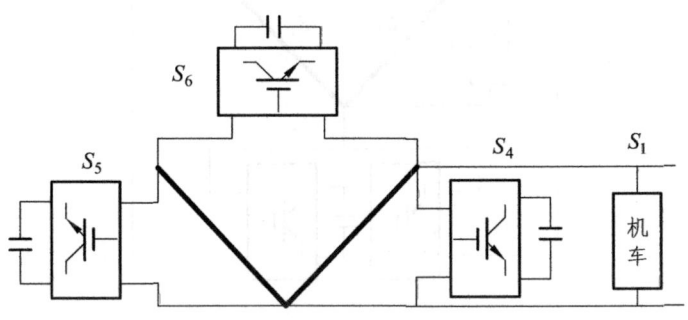

（b）牵引负荷位于超前相

图 3-5　采用 SVG 的 Vv 同相供电系统结构

该结构与无源类同相供电系统结构相比，具有如下特点：

（1）适合于具有再生制动的牵引负荷。

在再生制动情况下，各端口的补偿性质与牵引状态下的补偿性质相反，由于可发出感性无功和容性无功，因此，基于 SVG 的同相供电系统结构适合于具有再生制动的牵引负荷。

（2）具有充分的无功负序综合补偿能力。

由于可补偿无功，机车负荷的无功可通过 S_4、S_5、S_6 进行补偿，并实现负序的完全补偿。

（3）具有实时的动态响应能力。

由于无源补偿结构的动态调整能力有限，因此一般要求牵引负荷具有一定的稳定性，否则，无源补偿器件会产生附加的负序。而基于 SVG 的同相供电系统结构则具备良好的动态调节能力，保证无功、负序的实时完全补偿。

二、基于背靠背四象限变流器的同相供电

采用背靠背四象限变流器的 Vv 接线同相供电系统结构如图 3-6 所示，系统采用 Vv 牵引变压器，一套交-直-交同相供电装置接入 Vv 牵引变压器的两个牵引端口。该系统接线方式下，仍然适合于具有再生制动能力的机车，具备综合补偿能力。

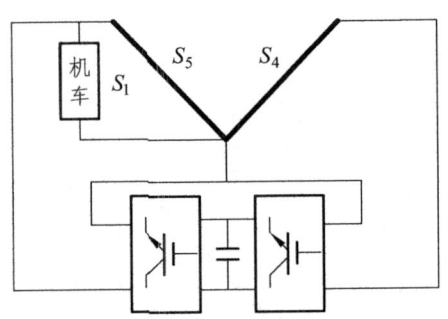

（a）牵引负荷位于滞后相

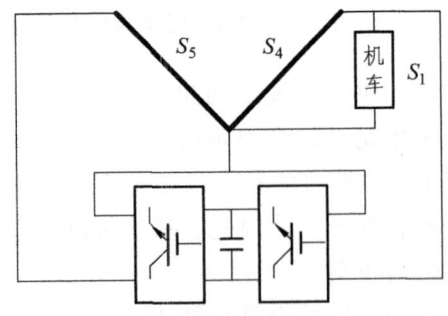

（b）牵引负荷位于超前相

图 3-6 采用 Vv 接线的同相供电系统结构

三、平衡牵引变压器类的有源补偿同相供电系统结构

1. 基于 SVG 的同相供电系统结构

图 3-7（a）为基于 SVG 的同相供电系统结构，与平衡变压器的无源补偿原理相似，将无源元件由背靠背 SVG 替代，此结构在机车再生制动条件下，实现电流的单相三相对称变换。

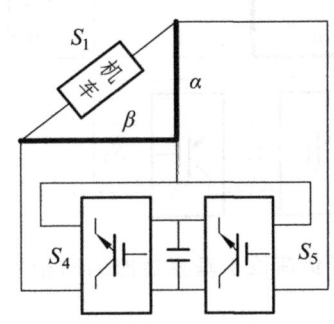

（a）牵引负荷位于斜边

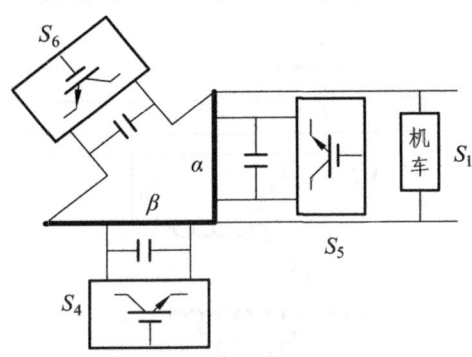

（b）牵引负荷位于垂直边

图 3-7 基于 SVG 的同相供电系统结构

2. 基于背靠背四象限变流器的同相供电系统结构

根据平衡变压器原理，当平衡变压器次边两相所带负荷大小相等、功率因数相同时，原边三相平衡，即实现三相两相的对称变换。基于此，当牵引负荷仅接于平衡变压器一相时，可通过背靠背变流器的功率传递功能，将单相负荷的有功功率由平衡变压器两相平均提供，同时使与负荷直接相

器一端兼补偿牵引负荷的无功和谐波,从而实现负序、无功和谐…补偿。牵引负荷位于垂直边时的同相供电系统结构如图 3-8 所示,…图适合于所有平衡类变压器。

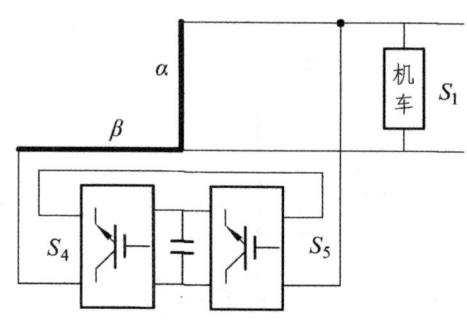

图 3-8　牵引负荷位于垂直边时的同相供电系统结构

图 3-9 为以阻抗匹配平衡变压器为例的同相供电系统结构连接示意图,基于其他平衡类变压器的同相供电系统结构与之相似。

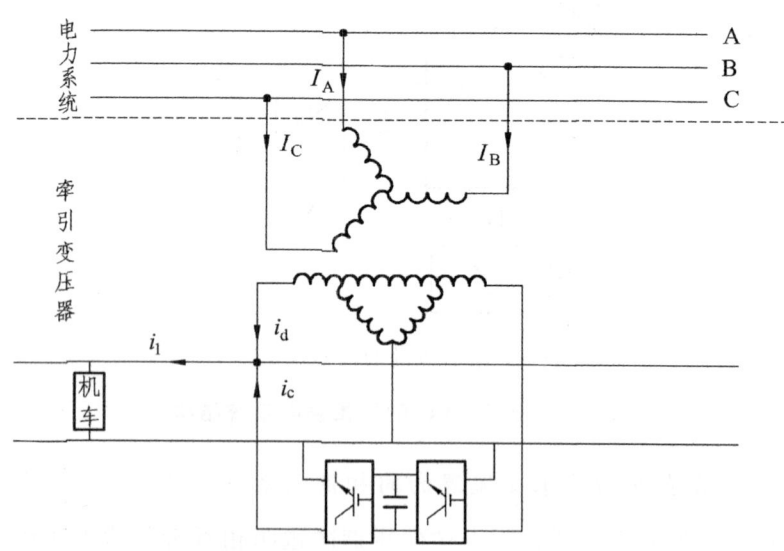

图 3-9　基于阻抗匹配平衡变压器的同相供电系统结构

第三节 基于混合补偿的同相供电系统

无源系统可控性差但价格便宜,有源系统可控性好但价格较贵,本节取二者之优点,探讨将无源对称补偿和有源对称补偿相结合构建混合式同相供电系统。

一、基于 Vv 变压器的混合式同相供电系统

基于 Vv 类变压器的混合式同相供电系统总体结构如图 3-10 所示,系统采用 Vv 牵引变压器,一套交-直-交同相供电装置接入 Vv 牵引变压器的两个牵引端口,构成有源补偿装置;在 Vv 牵引变压器的两个非负荷端口接入电容器和电抗器,构成无源补偿装置。无源补偿系统以补偿负序为核心,有源补偿装置对负序、无功、谐波进行动态补偿,二者结合实现电能质量的动态综合补偿。

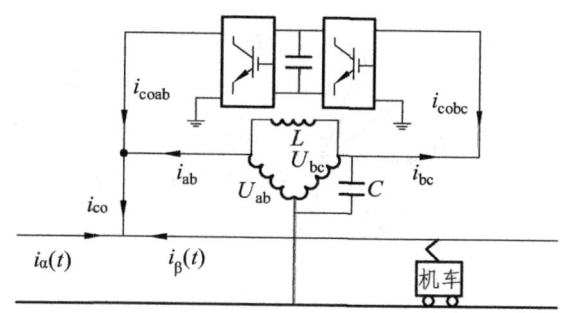

(a)负荷位于滞后相 ab 端口

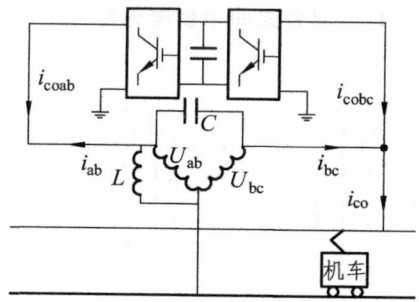

(b)负荷位于 bc 相超前端口

图 3-10 混合式补偿同相供电结构

将 Vv 牵引变压器次边的 ab、bc、ca 中的任意一个端口作为牵引负荷端口,即可构成同相供电,但采用单一端口供电,将产生与牵引负荷相等的负序。目前广泛采用的异相供电中,将开口端口作为自由端口,ab 和 bc 端口作为牵引负荷端口,相对于单端口供电而言,在一定程度上削弱了负序。理论上,当采用单端口供电构成同相供电时,可设法在其他端口实施负序补偿,进而实现无负序的同相供电。

Vv 牵引变压器原次边电流变换关系如式(3-4)所示,结合 Vv 牵引变压器的原次边关系,可得牵引负荷端口分别为 ab、bc 端口时的无源补偿的补偿原理矢量图,如图 3-13 所示,可见在 bc 端口应实施电容补偿,在 ca 端口应实施感性补偿,验证了图 3-12 的系统结构。另外易知,当牵引负荷位于超前端口 bc 相时,则应在 ab 相实施感性补偿,ca 相实施容性补偿,在结构上呈对偶性。

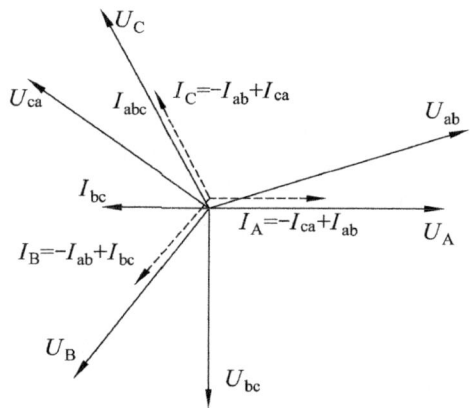

图 3-11 混合式同相供电无源补偿原理

$$\begin{bmatrix}\dot{I}_A\\\dot{I}_B\\\dot{I}_C\end{bmatrix}=\begin{bmatrix}1&0&-1\\-1&1&0\\0&-1&1\end{bmatrix}\begin{bmatrix}\dot{I}_{ab}\\\dot{I}_{bc}\\\dot{I}_{ca}\end{bmatrix} \quad (3-4)$$

由上式可知,在同相供电时,只需在两个端口进行补偿即可实现完备补偿。

$$S_{c}=\begin{bmatrix}S_{ab}\\S_{bc}\\S_{ca}\end{bmatrix}=\frac{S_1}{3}\begin{bmatrix}0\\\sqrt{3}\\-\sqrt{3}\end{bmatrix} \quad (3-5)$$

二、基于平衡变压器混合式同相供电系统

（一）负荷位于垂直边的混合式同相供电系统结构

在牵引变电所内，设置无源对称补偿和有源补偿系统，以补偿单相负荷引起的负序、无功和谐波。无源对称补偿由电抗器、电容器组合而成，有源补偿由背靠背交直交变流器构成，其结构如图 3-13（a）所示。平衡变压器次边电压矢量相互垂直的两个端口设为 α 端口和 β 端口，将 α、β 两端口相连所形成的斜边设为 γ 端口，负载仅由 α 端口供电。无源补偿系统的电抗器、电容器按一定规则接入 α、β、γ 三个端口，有源补偿两端分别接入 α、β 端口，通过无源和有源的结合，实现负序、无功、谐波综合补偿。当负载接入 β 端口时，混合式同相供电系统的结构如图 3-13（b）所示。

以 YNd11 平衡变压器为例，混合式补偿方式下的同相供电系统结构如图 3-14 所示，补偿系统由无源对称补偿和有源补偿两部分构成。

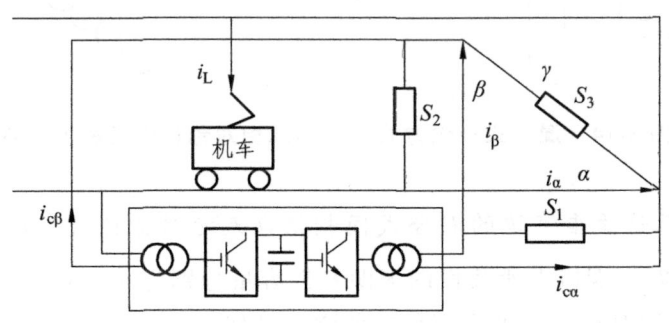

（a）牵引负荷接入滞后相 α

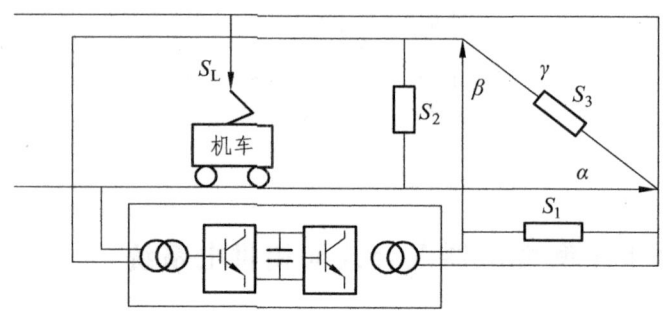

(b)牵引负荷接入超前相 β

图 3-13 混合式同相供电系统结构

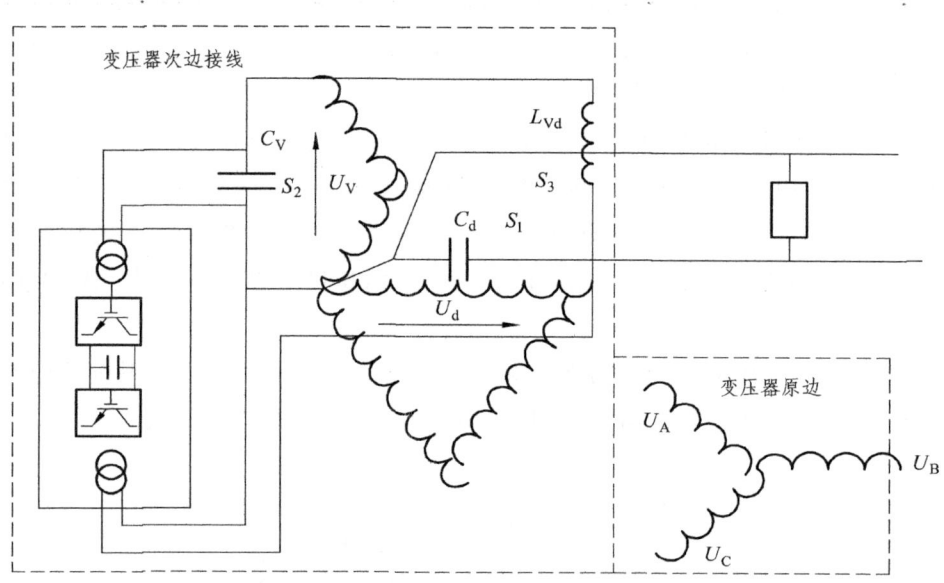

图 3-14 混合式补偿方式下三相单相对称供电系统主电路

1. 负荷位于垂直边的混合式同相供电无源对称补偿原理

令 α、β、γ 端口上所装设的无源补偿容量分别为 S_1、S_2、S_3,基于三端口补偿的无源对称补偿可实现负序的完备补偿,即实现单相三相对称变换,还可兼顾无功补偿,并给出了单相供电方式下的补偿关系。

当牵引负荷接于滞后相 α 端口时,实现负序、无功完备补偿的无源补偿容量与负荷容量的关系如式（3-6）所示：

$$\begin{bmatrix} S_1 \\ S_2 \\ S_3 \end{bmatrix} = \frac{S_L}{2} \begin{bmatrix} K_C \sin\varphi_1 - K_N(\cos\varphi_1 - \sin\varphi_1) \\ K_C \sin\varphi_1 - K_N(\sin\varphi_1 + \cos\varphi_1) \\ 2K_N \cos\varphi_1 \end{bmatrix} \quad (3-6)$$

当牵引负荷接于超前相 β 端口时，实现负序、无功完备补偿的无源补偿容量与负荷容量的关系如式（3-7）所示：

$$\begin{bmatrix} S_1 \\ S_2 \\ S_3 \end{bmatrix} = \frac{S_L}{2} \begin{bmatrix} K_C \sin\varphi_2 + K_N(\cos\varphi_2 - \sin\varphi_2) \\ K_C \sin\varphi_2 + K_N(\sin\varphi_2 + \cos\varphi_2) \\ -2K_N \cos\varphi_2 \end{bmatrix} \quad (3-7)$$

其中，φ_2 为牵引负荷的功率因数角，滞后记为正，$0 \leqslant K_C$，$K_N \leqslant 1$，K_N、K_C 分别无功和负序的补偿度，为 1 时表示对无功、负序进行完全补偿；为 0 时表示不对无功、负序进行补偿。

2. 负荷位于垂直边的混合式同相供电有源对称补偿原理

根据平衡变压器原理，当平衡变压器次边两相所带负荷大小相等、功率因数相同时，原边三相平衡，即实现三相两相的对称变换。基于此，当牵引负荷仅接于平衡变压器一相时，可通过背靠背变流器的功率传递功能，将单相负荷的有功功率由平衡变压器两相平均提供，同时使与负荷直接相连的变流器一端兼补偿牵引负荷的无功和谐波，从而实现负序、无功和谐波的综合补偿。以图 3-13（a）为例，在无源补偿设备不投入的前提下，仅讨论有源补偿的负序、无功和谐波的综合补偿原理。

设平衡变压器 α、β 端口电压为：

$$\left. \begin{array}{l} u_\alpha = \sqrt{2} U_\alpha \cos(\omega t + \phi_\alpha) \\ u_\beta = \sqrt{2} U_\beta \cos(\omega t + \phi_\beta) \end{array} \right\} \quad (3-8)$$

ϕ_α，ϕ_β 分别为 α、β 端口电压相位，平衡变压器 α、β 端口输出电流为 i_α、i_β，功率因数角为 φ_α，φ_β，变流器两端口的输出补偿电流为 $i_{C\alpha}$、$i_{C\beta}$。并将

牵引负荷电流分解为有功、无功和谐波，即：

$$i_L = \sqrt{2}I_p \cos(\omega t + \phi_\alpha) + \sqrt{2}I_q \sin(\omega t + \phi_\alpha) + I_h$$
$$= i_p + i_q + i_h \tag{3-9}$$

变压器端口电流、补偿电流和负载电流满足如下关系：

$$\left.\begin{array}{l} i_\alpha = i_L - i_{c\alpha} \\ i_\beta = i_{c\beta} \end{array}\right\} \tag{3-10}$$

平衡变压器实现负序、无功完全补偿的约束条件，平衡变压器垂直相两端口的电流大小相等，功率因数为1，即满足：

$$\left.\begin{array}{l} |i_\alpha| = |i_\beta| \\ \varphi_\alpha = \varphi_\beta = 0 \end{array}\right\} \tag{3-11}$$

实现负序、无功、谐波完全补偿时，变流器的补偿电流应满足关系式（3-12）。

$$\left.\begin{array}{l} i_{c\alpha} = \dfrac{\sqrt{2}}{2}I_p \cos(\omega t + \phi_\alpha) + i_q + i_h \\ i_{c\beta} = \dfrac{\sqrt{2}}{2}I_p \cos(\omega t + \phi_\beta) \end{array}\right\} \tag{3-12}$$

（二）负荷位于斜边的混合式同相供电系统结构

牵引负荷位于斜边时的同相供电系统结构如图 3-15 所示，该系统结构采用等边三角形，无源补偿系统的补偿原理与平衡变压器无源补偿所述的原理相同。背靠背的变流器 SVG 系统可在两个垂直边交换有功，并补偿无功。

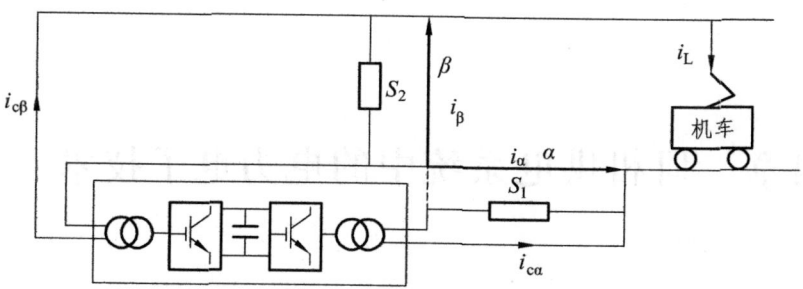

图 3-15 牵引负荷位于斜边时的同相供电系统结构

第四章 同相供电系统中的电力电子技术

第一节 功率半导体器件与电力电子技术

功率半导体器件是电力电子技术的基础与核心,是电力电子电路进行能量控制和转换的基本电子元器件。随着微电子技术的发展,功率半导体技术获得了迅猛的发展,极大地推进了电力电子技术的进步,功率半导体技术的发展程度决定了电力电子系统的效率、体积和重量,可见功率半导体技术的发展是电力电子技术发展的关键。电力电子技术的不断发展反过来促进了功率半导体器件向高频、高温、高压、大功率及智能化方向发展,为功率半导体器件开拓了广阔的应用前景。1957 年,美国通用电气(GE)公司研制了第一只工业用普通晶闸管,标志着电力电子技术开始进入由电力电子器件(晶闸管)构成的电能变换和控制的变流器时代,也标志着现代电力电子技术的诞生,以功率器件为核心的电力电子变换装置被用于现代工业的各个领域。进入 20 世纪 70 年代,普通晶闸管开始由低电压小电流向高电压大电流方向发展。GTO、GTR 等电流控制型自关断双极型半导体功率器件出现后,给应用带来很大的方便,但其驱动复杂、工作频率低,仅在大功率牵引领域存有一席之地。20 世纪 70 年代末,MOS 型半导体功率器件诞生,MOS 型功率器件为电压控制型功率器件,通过栅极电压控制器件的通断,大大简化了驱动电路,有利于电力电子系统的集成化。MOS 型功率器件开关速度更快,安全工作区更宽,因此在低压、高频领域得到了广泛的应用。由于没有双极型器件少子注入的电导调制效应,MOS 型功率器件的击穿电压受到限制,限制了它在高压系统中的应用。80 年代末出现的绝缘栅双极型晶体管(IGBT),集合了 MOS 型功率器件和双极型功率器件的优点,获得了越来越广泛的应用。随着 MOSFET、IGBT 工艺水平的不断提高,电力电子也向大容量、高频率、快响应、低功耗方向发展。进入 20 世纪 90 年代，电力电子器件朝着产品标准化、结构模块化、功能复合化、功率集成化、性能智能化的方向发展。目前，先进的模块已实现产品标准化与系列化，在电性能一致性和可靠性上也达到了较高的水平[34]。

经过 40 多年的发展，功率半导体器件在制造技术上不断提高，已经历分立器件（DD）、集成器件（PID）、功率集成电路（SPIC）三个发展时期，每个时期的概况见表 4.1，功率半导体器件的发展具体分为四个发展阶段。

表 4.1 功率半导体器件的发展情况

发展历程	器件类型		控制模式	结构特点
第一代分立器件(DD)	整流管	普通型、快速恢复型、肖特基型、其他	不控换向关断	分立器件，或由几个分立器件芯片组成
	晶闸管	普通型、双向型、逆导型、快速性、光控型、其他	半控换向关断、电流型控制	分立器件，或由几个分立器件芯片的简单模块与辅助电路组成的模块
第二代功率集成器件 (PID)	栅极可关断(GTO)、其他		全控、电流控制型	集成器件，或由几个集成器件芯片与辅助电路组成的模块
	巨型晶体管(GTR)			
	功率 MOSFET、绝缘栅双极晶体管(IGBT)、静电感应晶体管(SIT)、其他感应晶体管			
第三代功率集成器件 (SPIC)	智能功率集成电路 (SSPIC)、高压功率集成电路(HVIC)		全控、电流控制型	集成器件，或由几个集成器件芯片与辅助电路组成的模块、智能化电路组成的智能化模块

第一阶段，以整流管、晶闸管为代表，在低频、大功率场合占优势，后来完全取代汞弧整流器。

第二阶段，以可关断晶闸管（GTO）、巨型晶体管（GTR）等全控型器件为代表，虽然仍为电流控制模式，但在高频化的路上迈了一步。

第三阶段，以功率 MOSFET（金属氧化场半导体型场效应管）、绝缘栅双极型晶体管（IGBT）等电压全控器件为代表，它们可以直接用集成电路驱动，高频特性较好，此阶段器件制造技术进入了和微电子技术相结合的阶段。

第四阶段，以智能化功率集成电路（SSPIC）、高压功率集成电路（HVIC）等功率集成电路为代表，将电力电子技术与微电子技术更紧密地结合在一起，出现了将全控型电力电子器件与驱动电路、保护电路、逻辑电路、等集成在一起的高智能化的功率集成电路。它实现了器件与电路、强电与弱电、功率流与信息流的集成，成为机电一体化的基础单元。这一阶段还处在不断发展中。

随着电力电子技术的发展和电力电子设备制造水平的提高，高铁同相供电技术方案在对称补偿理论基础上应运而生。同相供电技术是在大功率电力电子技术发展背景下尤其是 IGBT 等技术在高铁领域的应用。

高铁同相补偿装置 CPD 由高压匹配变压器 HMT、交直交变流器 ADA、牵引匹配变压器 TMT 以及交流电抗器 L 等组成，随着电力电子技术发展，基于高电压、大功率的 IGBT 技术的核心部件交直交变流器在高铁供电系统中应用有了技术上的可能。

第二节　IGBT 技术

一、IGBT 发展概述

1. IGBT 的发展历程

功率 MOS 管有开关速度快、电压控制、保护电路简单、驱动电路简单等优点，但其电压很难提高，导通电阻大，虽然 VDMOS 技术在提高电压、可靠性和制造工艺上前进了一步，但也面临了严重的困难。为了解决提高电压和降低导通电阻、降低损耗的尖锐矛盾，RCA 公司、GE 公司、摩托罗拉公司几乎同时研制出了 IGBT（Insulated Gate Bipolar Transistor，绝缘栅双极型半导体器件）。IGBT 具有可靠性高、驱动简单、保护容易、不用缓冲电路、开关频率高、电压型驱动、驱动功率小、饱和压降低及可耐高压等优点。20 世纪 80 年代诞生的 IGBT 在 90 年代进入实用化阶段，但它在克服 VDMOS 缺点的同时，也存在自身固有的结构上的缺陷，那就是 IGBT

隐含一种栅控四层 PNPN 晶闸管结构，可能会出现门锁效应。同时 IGBT 的开关速度与 VDMOS 相比有所下降。随着研发水平和工艺水平的不断进步，IGBT 的缺点不断被克服，应用领域不断扩大。目前为止，美国和日本的 IGBT 产品已经系列化。IGBT 在功率半导体器件的市场份额越来越大。

IGBT 是新型功率器件，它集合了功率 MOSFET 与双极型器件的双重优点，具有输入阻抗高、电压控制、输入驱动功耗低、导通电阻小、控制电路简单、耐高压、承受电流容量大、开关速度快等特性，在各种电力变换中获得极广泛的应用。与此同时，各大半导体生产厂商不断开发高耐压、大电流、高速、低饱和压降、高可靠性、低成本的 IGBT。目前 IGBT 技术已经发展到第四代，所能承受的电压和电流范围不断拓宽，比如 ABB、英飞凌公司生产的 IGBT 模块电压范围达到 600 V~6 kV，电流范围达到 10 A~2.4 kA。触发电压功率不断降低，di/dt、du/dt 得到有效控制。当下 IGBT 的研制和应用电压水平为 8 kV。IGBT 的制造技术不断完善，现在主要采用 1 μm 下的制作工艺，研制开发也取得了一些新进展。

2. IGBT 技术发展趋势

IGBT 的未来发展趋势有两个方向：一是超大功率模块，二是超快速 IGBT。超大功率模块 IGBT 有取代 GTO 之势，将在电力系统、高压直流输电、机车牵引等方面扩大其应用领域。超快速 IGBT 将在高频开关电源等方面扩大其应用领域。总之，IGBT 将向着超大功率、超快速、模块化、智能化方向发展。

IGBT 从第三代向第四代发展的过程中，通过从芯片表面向芯片内部沟槽式形成栅极，使得精细加工成为可能。沟槽结构是在管芯上刻槽，在芯片元胞内部形成沟槽式栅极结构。因为栅极的制作是从芯片表面向芯片内部挖一条沟，故将此结构称为沟槽结构。由于栅极沟槽化，单胞单元尺寸缩小到原来的 1/5，降低了功率 MOSFET 的沟道电阻，提高了单位芯片面积的电流密度，能制造同样额定电流而芯片尺寸最小的产品，现在多家公司生产各种 IGBT 产品，适用于低电压驱动、表面贴装的要求。

下一代 IGBT 的发展趋势：一是采用替代 Si 的新型材料来改进产品特性，特别是 SiC 和 GaN 材料的迅速发展在未来将会给 IGBT 器件带来革命。二是通过寿命时间控制法，局部在制作窗口，减少 $U_{ce(sat)}$ 的依赖特性，不提高 $U_{ce(sat)}$ 就能使开关特性达到高速化。三是借助精细加工技术降低 MOS 部分的沟道电阻。利用这些技术就能使 IGBT 开关特性与 MOSFET 相同、$U_{ce(sat)}$ 与晶闸管相同的状况成为现实。NPT-IGBT（非穿透型）采用薄硅片技术，以离子注入发射区代替高复杂、高成本的厚层高阻外延，可降低生产成本 25% 左右（耐压越高，成本差越大），在性能上更具特色（高速、低功耗、正温度系数、无锁定效应）。在设计 600~1200 V 的 IGBT 时，NPT 的可靠性最高。西门子公司可提供 600 V、1200 V、1 700 V 系列产品和 6 500 V 高压 IGBT，并推出低饱和压降的 DLC 型 NPT-IGBT。其他如东芝、富士、摩托罗拉等公司也相继研究 NPT-IGBT 及其模块，NPT-IGBT 正成为 IGBT 的发展方向。三星、快捷等公司采用 SDB（硅片直接键合）技术，在生产线上制作第四代高速 IGBT 及模块系列产品，其特点为高速、低饱和压降、低拖尾电流、正温度系数、易于并联，在 600~1 200 V 电压范围内性能优良。IR 公司的开发重点在于减少 IGBT 的拖尾效应，使其能快速关断，其研制的超快速 IGBT 可最大限度地减小拖尾效应，关断时间不超过 2 000 ns。采用特殊高能照射分层技术，关断时间不超过 100 ns，拖尾更短。

新型的 IGBT 功率模块集成了各种驱动保护电路和自诊断单元，采用高性能的 IGBT 芯片和新型封装技术，从复合功率模块 PIM 发展到智能功率模块 IPM。新型的 IGBT 模块正向高压、大电流的方向发展，其产品水平为 1 200~1 800 A/1 800~3 300 V。智能化、模块化正成为 IGBT 发展热点。

二、IGBT 基本特点

IGBT 凝聚了高电压大电流晶闸管制造技术和大规模集成电路微细加工技术的精华，表现出很好的综合性能，其在大功率领域中的生命力令人难以置信。现在，研制跨世纪的 IGBT 取得了巨大的进展，形成了一个新的器件应用平台。IGBT 最大的优点是无论在导通状态还是短路状态下，都可以承受电流冲击，而由于本身的关断延迟时间很短，易于实现器件的串联。尽管 IGBT 模块在大功率领域中的应用非常广泛，但其有限的负载循环次数使其可靠性成了问题，其主要失效机理是阴极引线焊点开路和焊点较低的疲劳强度，另外绝缘材料的缺陷也是一个问题。

IGBT 实际上是一种典型的双极 MOS 复合型功率器件，是在功率 MOSFET 工艺技术基础上的产物。IGBT 既具有功率 MOSFET 的高速开关及电压驱动特性，又具有双极型晶体管的低饱和电压特性及易实现较大电流的能力，是近年来电力电子领域中最令人注目及发展最快的一种器件，IGBT将BJT的电导调制效应引入VDMOS的高阻漂移区，大大改善了器件的导通性，同时它还具有功率MOSFET的栅极高输入阻抗，开通和关断时均具有较宽的安全工作区，IGBT所能应用的范围基本上替代了传统的晶闸管（SCR），可关断晶闸管（GTO）以及晶体管（BTJ）等器件。

IGBT采用了纵向二次扩散的N沟道结构，在P+衬底上生长N型漂移层，然后用与功率MOSFET相似的工艺在漂移层上形成DMOS结构，乍看IGBT好像是由PNP和NPN两个晶体管组成的晶闸管，但由于其中的NPN晶体管不起作用，因此实际上IGBT等效于N沟道功率MOSFET作为输入级，PNP晶体管作为输出级的MOS驱动达林顿晶体管。IGBT的基本工作原理为在栅极和发射极之间加上足够大的正向电压，使表面功率MOSFET导通。由于集电极侧的P+层和N-层之间的正向偏置，产生由P+层向N-层的空穴注入。与注入空穴的正电荷等量的电子集中于N-层，使N-层的电阻减小（电导率制），IGBT导通，当栅极和发射极之间的电压降低时，表面功率MOSFET关断，无空穴注入，已注入的空穴因寿命终止而减少，残留的空穴成为向P+层直接流出的电流。此过程结束时达到关断状态，IGBT的静态特性基本上与功率MOSFET相同，其动态特性也类似于功率MOSFET。但由于有空穴注入，所以IGBT有拖尾电流等问题存在。

IGBT还具有功率晶体管源移区电导调制、导通损耗低的特点，且较功率MOSFET有着更大的电流密度、更高的功率容量，较高的开关频率和更宽的安全工作区，这些优势使IGBT在600V以上中等电压范围内成为主流的功率器件，且正逐渐向高压大电流领域发展，挤占传统SCR、GTO的市场份额。在器件研究方面，研究人员看重对IGBT正向导通时源移区少数载流子浓度、分布控制的所谓"集电极工程"与IGBT压接式封装技术方面选行研究。商业化的IGBT已发展成系列。电流范围包括从2 A的IBT单管到2 400 A的IGBT模块，耐压范围涵盖370~6 500 V。EUPEC生产的600 A/6 500 A的IGBT模块已经实际应用，8 000 V的IGBT已由ABB公司研制成功。

IGBT是新型电力电子器件的主流器件之一，在设计上将MOS和双极型晶体管结合起来，在性能上兼有双型器件压降小、电流密度大和MOS器件开关快、频率特性好的双重优点。在制造业上，IGBT在高电压、大电流的晶体管制造技术的基础上采用了集成电路微细加工技术,由于 IGBT 具有功率 MOSFET 和大功率晶体管(GTR)的双重优点,所以被认为是最具代表性的电力电子器件,甚至有人称"21 世纪是 IGBT 的时代"。IGBT 是一种电压驱动型器件,因而栅极驱动电路简单,它有较高的(开关)频率、易于实现的保护特性和 di/dt、du/dt 特性,是目前 100 kHz 以下各种功率变换器中应用最普遍和使用最多的功率器件。IGBT 最成功的应用是交流电动机调速和低压变频器、逆变器,尤以变频器调速最具代表性。目前市场上销售的低压交流气电动机变频器调速模块,不管是哪一个国家的产品,功率器件几乎都是 IGBT。

三、IGBT 新技术动向

1. 微细加工技术

对于多子器件功率 MOSFET 的研究表明,其耐压与导通电阻已接近理论极限。采用微细加工技术制作的平面型 IGBT,其单元尺寸大大减少;采用微细加工技术制作的 RESURF,与平面型 MOS 相比,其导通电阻降低的效果明显;利用微细加工技术制作的槽栅,其构道电阻与平面型相比要小近一半(对于 60 V)。采用微细加工技术制作的挖槽结构还有效地改善 IGBT 的性能,低沟道电阻有利于防止 NPN 型寄生双极晶体管的误动作,实现 IGBT 高速、高耐压的协调。微细加工技术的引入使电力电子器件家族中增加了众多新成员。

2. 器件的设计技术

利用器件设计技术改善电力半导体性能的典型实例之一是 NPI-IGBT 和续流二极管(FWD)的低压降化。新设计的 NPT 同 PT 相比,具有耐压能力强、器件并联运行容易、并联损耗随温度变化小等一系列特点,另外可利用数值解析、仿真技术进行工艺优化、结构优化设计,并研究同电路的相互作用、电流分布、发热和冷却、热应力的产生、电磁场的产生、破环解析等。

3. 高耐压 SOI 技术

SOI(Silicon on Insulator)指的是 Si 基片中间存在着氧化膜结构,氧化膜上的硅叫作"活性层",下层的硅叫作"台基盘",使用的硅活性层厚度为 7 μm,中间氧化膜厚度为 2 μm,可以实现 250 V 高耐压,SOI 技术广泛用于功率集成和系统集成。

4. 功率器件的智能化技术

功率器件的智能化有两个发展方向:其一是将外围电路集成于一个芯片的单片集成(Smart-power IC),目前功率仍较小,在汽车领域有广泛的应用;其二是将过热、过流、过压保护电路以及自诊断电路、驱动电路与多个主电路芯片以厚膜电路方式集成于一体的智能功率模块 IPM (Intelligent Power Module)。IPM 具有以下特点:

① 低损耗,采用第四代挖槽型 IGBT 的 IPM 与第三代相比损耗可降低 30%。

② 可实现 PAM 控制,电源输出范围广。

③ 可实现额定负荷率 99%以上的高功率因数。

④ 负载切换时可以抑制电压的上升率。

⑤ 具有过压、短路、过热等保护功能。

⑥ 模块外形尺寸和安装尺寸的标准化使得模块化占用的安装空间小,安装和维护更加方便。

⑦ 适于高频应用,谐波符合 IEC 标准[35]。

第三节 IGBT 结构

IGBT 作为功率器件,开关性能优越,并且具有功率 MOSFET 的许多特性,如功率器件容易驱动、电流值峰值较大、持久耐用等。如图 4-1 所示,IGBT 由 PNP-NPN 晶体管构成,由于 NPN 发射极和铝基板短路,因此 NPN 失效,所以可以把 IGBT 当作以 N 沟道 MOSFET 为输入、以晶体管 PNP 为输出的单向达林顿管[36]。

IGBT 集电极 P 型半导体的掺杂,使得额外的少子在导通期间会注入 N 型漂移区,与 MOSFET 相比,有效地减小了 IGBT 的通态损耗,但是这些少子会引起额外的拖尾电流。

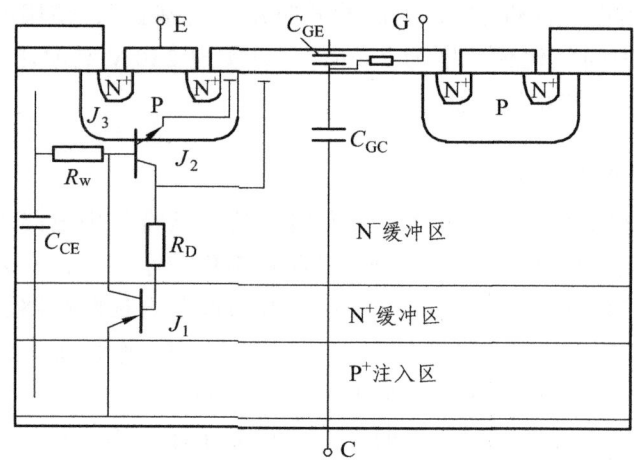

图 4-1　IGBT 内部结构图

IGBT 的开关是由栅极电压直接决定的,如果栅极电压为正,则 IGBT 处于开通状态,P 区注入 N 的少子使得两层沟道之间的等效电阻为 R_D,保证了 IGBT 在两端接入比较高的电压时会产生比较小的通态压降。当栅极输入负的控制电压时,MOSFET 晶体管的内部沟道失效,IGBT 则彻底关断。一般的 IGBT 有穿通型和非穿通穿型两种:在 N 区中增加了 N 缓冲层的为穿通型 IGBT,这种类型的 IGBT 反向阻断能力一般较弱,正向压降比较低;没有 N 缓冲层的称为非穿通型 IGBT,这种类型的 IGBT 反向阻断能力较强,但其他特征相比穿通型都较差,如导通压降、关断时间等因素。通过分析 IGBT 内部结构可以发现,IGBT 的通态电流密度较高。而且其反向阻断能力比较强,它的导通和关断都是可控的。在 IGBT 内部采用 MOS 栅结构,使得 IGBT 的输出特性完全可控,控制过程中的功耗也比较低,与 MOSFET 管相似,使得 IGBT 在导通和关断时消耗的能量比较小,这些优势使得 IGBT 成为电力控制的理想开关功率管。

一、IGBT 工作原理

N 沟道 IGBT 工作时,通过在栅极—发射极间加阈值电压 U_{TH} 以上的(正)电压,在栅极电极正下方的 P 层上形成反型层(沟道),开始从发射极下的 N-层注入电子,该电子为 PNP 型晶体管的少数载流子。从集电极衬底 P+层开始流入空穴,进行电导率调制(双极工作),所以可以降低集电极-发射极间饱和电压。N 沟道 IGBT 工作时的等效电路如图 4-2 所示,在发射极侧形成 NPN 型寄生晶体管。若 NPN 型寄生晶体管工作,又变成 P+N-PN+晶闸管。电流继续流动,直到输出侧停止供给电流,通过输出信号已不能进行控制。一般将这种状态称为闭锁状态。

为了抑制 NPN 型寄生晶体管的工作,IGBT 采用尽量缩小 PNP 型晶体管的电流放大系数 α 的办法作为解决闭锁的措施。具体来说,PNP 型晶体管的放大系数 α 设计为 0.5 以下,IGBT 的闭锁电流 I_L 额定电流(直流)的 3 倍以上。

IGBT 是在 N 沟道功率 MOSFET 的 N+基板上加一层 P+基板形成了四层结构,由 PNP-NPN 晶体管构成 IGBT。设计时尽可能使 NPN 型晶体管不起作用。所以说,IGBT 的基本工作与 NPN 型晶体管无关,可以认为是将 N 沟道功率 MOSFET 作为输入极、PNP 型晶体管作为输出极的单向达林顿管。采取这样的结构可在 N-层进行电导率调制,提高电流密度。这是从 P+基板经过 N+层向高电阻的 N-层注入少量载流子的结果。

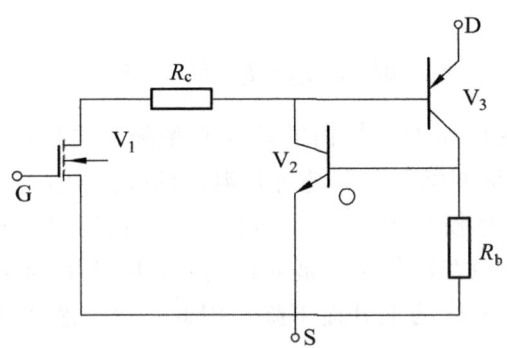

图 4-2　IGBT 工作的等效电路

1. 导通

IGBT 硅片的结构与功率 MOSFET 的结构十分相似,主要差异是 IGBT 增加了 P+基片和一个 N+缓冲层(NPT 型 IGBT 技术没有增加这个部分),其中一个功率 MOSFET 驱动两个双极型器件。基片的应用在管体的 P+区和 N+区之间创建了一个 J_1 结。当正栅极偏压使栅极下面反演 P 基区时,一个 N 沟道形成,同时出现一个电子流,并完全按照功率 MOSFET 的方式产生电子流。如果这个电子流产生的电压在 0.7 V 以内,那么 J_1 将处于正向偏压，一些空穴注入 N-区内，并调整阴、阳极之间的电阻率。这种方式降低了功率导通的总损耗，并启动了第二个电荷流。最后的结果是，在半导体层次内临时出现两种不同的电流扑，即电子流（功率 MOSFET 电流）和空穴电流（双极）。当 U_{GE} 大于开启电压 $U_{GE(th)}$ 时，功率 MOSFET 内形成沟道，为晶体管提供基极电流，IGBT 导通。IGBT 可等效为 N 沟道功率 MOSEET 驱动 PNP 管的达林顿结构，结型场效应管 JFET 承受大部分电压，并且让功率 MOSFET 承受较低的电压。因此，IGBT 具有较低的导通电阻 $R_{DS(on)}$。IGBT 的电流受极电压和跨导限制，并且电流值可能超过额定电流的 10 倍。当集电极-发射极电压和集电极电流均为正值时，IGBT 处于正向导通状态，正向导通分为以下两个区域。

（1）主动区域。

当栅极-发射极电压 U_{GE} 只是略大于开启电压 $U_{GE(th)}$ 时，由于沟道电流的饱和效应，沟道会出现一个可观的压降（输出特性中的水平线）。此时，集电极电流跟随 U_{GE} 而变化。类似于 MOSFET，可用于转移斜率 g_{fs} 来描述转移特性，即

$$g_{fs} = dI_C/dU_{GE} = I_C/(U_{GE} - U_{GE(th)})$$

转移特性在线性放大区域内的转换斜率随集电极电流 I_c 和集电板-发射极电压 U_{GE} 的增加而增加，并随芯片温度的降低而减小。在由多个 IGBT 芯片并联构成的功率模块中，这一区域只是在开关过程中被经过。IGBT 模块在这一区域中的稳态运行是不被允许的（如同功率 MOSFET 模块一样），其原因是 $U_{GE(th)}$ 随温度的上升而下降。因此，单个芯片之间微小的制造偏差就可能引起温升失衡。

（2）饱和区域。

在开关过程中，一旦 I_C 只是由外部电路所决定，便处于所谓的饱和区域，也称作导通状态（输出特性中的陡斜部分）。导通特性的主要参数是 IGBT 的残余电压 $U_{CE(sat)}$（集电极-发射极饱和压降）。至少对于高截止电压的 IGBT 器件来说，由于 N⁻漂移区的少子存在，IGBT 的饱和压降明显低于同类型功率 MOSFET 的通态压降。电导调制效应使电阻 R_N 减小，使通态压降降低。对于 PT 型 IGBT，$U_{CE(sat)}$ 在额定电流区域内随温度的升高而下降，而对于 NPT 型 IGBT 来说则是随温度的增加而增加。

2. 关断

当在栅极施加一个负偏压或栅压低于门限值时，沟道被禁止，没有空穴注入 N^- 区内。在任何情况下，如果功率 MOSFET 的电流在开关阶段迅速下降，集电极电流则逐渐减小，这是因为换向开始后，在 N 层内还存在少数的载流子（少子）。这种残余电流值（尾流）的降低完全取决于关断时电荷的密度，而密度又与杂质的数量和拓扑、层次的厚度及温度有关。少子的衰减使集电极电流具有尾流波形特征，集电极电流引起功耗升高及交叉导通问题，特别是在使用续流二极管的设备上表现得更加明显。鉴于尾流与少子的重组有关，尾流的电流值应与芯片的温度 T_C、I_C 及 U_{CE} 相关，也和空穴移动性有着密切的关系。因此，IGBT 的尾流特性与 T_C、I_C 及 U_{CE} 有关。

在 IGBT 栅极-发射极间施加反压或不加信号时，功率 MOSFET 内的沟道消失，晶体管的基极电流被切断，IGBT 关断。在电感负载关断状态下，电压在几伏到电源电压之间波动，电流在恒定电流和零之间变化。为了避免发生"动态锁定"状态，利用栅极驱动电阻来降低关断 du/dt，并且维持一定的电子电流。

3. 反向阻断

当在 IGBT 集电极施加一个反向电压时，J_1 就会受到反向偏压控制，耗尽层则会向 N^- 区扩展。因过多地降低这个层面的厚度，将无法取得一个有效的阻断能力。如果过大地增加这个区域尺寸，就会连续地使压降增大。这也说明了 NPT 型 IGBT 器件的压降比 PT 型 IGBT 器件压降高的原因（I_C 和速度相同）。在反向运行状态下，IGBT 集电极端的 PN 结处于截止状态。因此，与功率 MOSFET 不同的是，IGBT 不具备反向导通能力。

尽管 IGBT 结构中存在着一个高阻的二极管，但目前 IGBT 的反向截止电压仅在数十伏上下，尤其对于 NPT 型 IGBT 来说更是如此。其原因是在设计芯片和它的边缘结构时，注重于追求高的正向截止电压和优化集电极端口的散热效果。对于需要 IGBT 开关承受反向电压的应用，到目前为止全部采用了混合结构，即在模块中串联一个快速二极管。因此，IGBT 模块在静态反向工作时，它的导通特性只是由外部的或者集成在模块内部的二极管的特性来决定。

4. 正向阻断

当 IGBT 栅极和发射极短接并在集电极端子上施加一个正电压时，J_3 结受反向电压控制。此时，仍然是由 N 漂移区中的耗尽层承受外部施加的电压。当集电极-发射极电压 U_{CE} 为正且栅极-发射极电压 U_{GE} 小于栅极-发射极开启电压 $U_{GE(th)}$ 时，在 IGBT 的集电极和发射极端子之间仅存在着一个很小的集电极-发射极漏电流 I_{CES}。I_{CES} 随 U_{CE} 增加而略微增加。当 U_{CE} 大于某一特定的最高允许的集电极-发射极电压 U_{CES} 时，IGBT 会出现锁定效应。从物理的角度来说，U_{CES} 对应了 IGBT 结构中 PNP 双极型晶体管的击穿电压 U_{CER}。出现锁定现象时，由集电极-基极二极管引起的电流放大效应，可能会导致双极型晶体管的开通，进而导致 IGBT 损坏。NPN 型晶体管的基极和发射极区几乎被金属化的发射极所短路，它们之间只是被 P^+ 区的横向电阻所隔开。

应用多种设计措施，类似于功率 MOSFET 在设计上采取的措施一样，使 IGBT 的单元锁定电流维持在一个较低的水平，从而使正向截止电压能够获得较高的稳定性。

5. 锁定

IGBT 是由 P-N-PN+ 四层材料构成的，当条件满足时，IGBT 就像普通晶闸管那样导通，在极低的电压下即使不加栅压，器件也能通过很大的电流，这种现象称为锁定。

N+ 缓冲层和很宽的外延基区减小了 PNP 管的增益，而功率 MOSFET 的寄生双极型 NPN 管的增益可以通过减小 r'_b 来实现，但不能减小得过小。若 r'_b 过小，当较大的空穴流注入 r'_b 后，在关断时将会发生"动态锁定"，从而使寄生 NPN 管的增益达到很高的数值。这种现象会使集电极与发射极之间的电流量增加，对等效功率 MOSFET 的控制能力降低，通常还会引起器件击穿问题。具体地说，IGBT 的锁定效应与器件的状态有密切关系。减小 r'_b 或者减小器件的总跨导（特别是 PNP 管的增益），可以避免出现锁定效应，但是减小器件的总跨导将增加导通损耗并降低开关速度。通常情况下，静态锁定和动态锁定有如下主要区别：

① 当晶闸管全部导通时，静态锁定出现。

② 只在关断时才会出现动态锁定，这一特殊现象严重地限制了安全操作区。

为防止寄生 NPN 型晶体管的锁定效应发生,有必要采取以下措施:一是防止 NPN 部分接通,分别改变布局和掺杂级别;二是降低 NPN 型晶体管的总电流增益。

此外,锁定电流对 PNP 型和 NPN 型器件的电流增益有一定的影响。因此,它与结温的关系也非常密切。在结温和增益提高的情况下,P 基区的电阻率会升高,破坏了整体特性。因此,器件制造商必须注意使集电极最大电流值与锁定电流之间保持一定的比例,通常比例为 1 : 5。

二、IGBT 工作基本特性

IGBT 的开关作用是:通过加正向栅极电压形成沟道,给 PNP 型晶体管提供基极电流,使 IGBT 导通;反之,加反向栅极电压消除沟道,流过反向基极电流,使 IGBT 关断。IGBT 的驱动方法和功率 MOSFET 基本相同,具有高输入阻抗特性。当功率 MOSFET 的沟道形成后,从 P^+ 基极注入 N^- 层的空穴(少子)对 N^- 层进行电导调制,减小 N^- 层的电阻,使 IGBT 在高电压时也具有低的通态电压。

在通态中,IGBT 可以按照功率 MOSFET 驱动的 PNP 型晶体管建模。假如发射极和集电极之间的压降不超过 0.7 V,即使栅极信号让功率 MOSFET 沟道形成,集电极电流 I_C 也无法流通。当沟道上的电压大于 $U_{GE} - U_{th}$ 时,电流处于饱和状态,输出电阻无限大。由于 IGBT 结构中含有一个双极型晶体管和一个功率 MOSFET。因此,它的温度特性取决于在属性上具有对比性的两个器件的净效率。功率 MOSFET 的温度系数是正的,而双极型晶体管的温度系数则是负的,$U_{CE(sat)}$ 描述了作为一个集电极电流的函数在不同结温时的变化情况。

IGBT 的基本特性主要从静态特性、动态特性两个方面来分析。

1. 静态特性

静态特性主要包括转移特性、开关特性与输出特性。IGBT 的转移特性主要是指集电极电流与 I_C 与栅-发射极之间电压的 U_{GE} 关系曲线,其转移曲线如图 4-3(a)所示,当 U_{GE} 越大,电流 I_C 也越大。图中阈值电压 $U_{GE(th)}$ 是 IGBT 内部能够进行电导调制而需要的最低栅极-发射极开通电压。输出特性是指以 U_{GE} 作为变量,栅极电压和集电极电流之间的关系曲线。输出特性主要包括三个区域：正向阻断区，主动区域（放大区）和导通区域（饱和区）。如果 IGBT 处于截止状态，J_2 结承担正向电压，J_1 结承担反向电压。

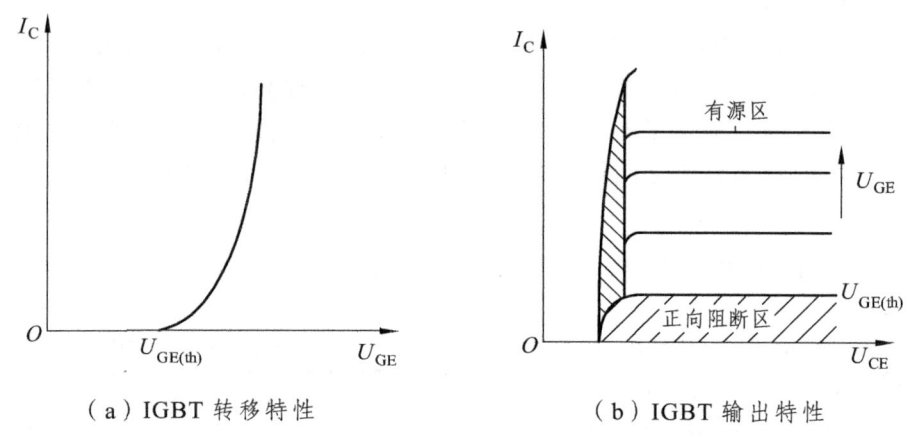

（a）IGBT 转移特性　　　　　（b）IGBT 输出特性

图 4-3　IGBT 的转移特性和输出特性

IGBT 的开关特性是指集电极电流与发射极电压之间的关系。当 IGBT 处于导通状态时，由于它的 PNP 型晶体管为宽基区晶体管，所以其 β 值极低。尽管等效电路为达林顿结构，但流过功率 MOSFET 的电流成为 IGBT 总电流的主要部分。此时，通态电压 $U_{CE(on)}$ 可用下式表示：

$$U_{CE(on)} = U_{J1} + U_{cr} + I_C R_{oh}$$

式中，U_{J1} 为 J_1 结的正向电压，其值为 0.7~1 V；U_{cr} 为扩展电阻 R_{cr} 上的压降；R_{oh} 为沟道电阻。

通态电流 I_{CE} 可用下式表示：

$$I_{CE} = (1 + B_{PNP}) I_{mos}$$

式中，I_{mos} 为流过功率 MOSFET 的电流。

由于 N+ 区存在电导调制效应，所以 IGBT 的通态压降小，耐压为 1 000 V 的 IGBT 的通态压降为 2~3 V。IGBT 处于断态时，只有很小的泄漏电流存在。

IGBT 关断速度的最大限制是 N 外延层（即 PNP 管的基区）中的少子寿命，因为这个基区不易受外电路影响，所以不能用外部驱动电路来缩短 IGBT 的开关时间。但是，因为 PNP 管采用伪达林顿接法，它没有存储时间，并且它的关断时间远远大于深饱和状态的 PNP 管。虽然如此，在许多高频设备中 IGBT 仍然不适用。

由于基区内的存储电荷引起 IGBT 关断时电流波形出现延迟脉冲，IGBT 的电流不能迅速降低到空穴复合电流。这样不仅增加了关断损耗，而且在半桥式电路中，为了避免两只 IGBT 同时导通，必须增加两只 IGBT 导通的死区时间。

采用传统的减少少子寿命的工艺和加入收集少子的 N+ 缓冲层的方法，通常可缩短复合时间。但是这样由于 PNP 管的增益降低，因此 IGBT 的电压降增加。减少少子寿命的工艺将造成 IGBT 出现准饱和导通状态，这样导通损耗将大于关断损耗。因此，PNP 管的增益一方面受电导和导通损耗的限制，另一方面也受锁定状态的限制，IGBT 的开关性能将随温度升高而降低。

2. 动态特性

IGBT 的动态特性主要包括开通过程特性、关断过程特性。IGBT 如果为反向关断状态，处于 P+ 区的空穴也开始运动到沟道，内部开始进行电导率调制工作。当栅极电压大于门限电压时，IGBT 进入导通状态，电导效应使得电阻 R_D 减小，同时也会降低通态压降。IGBT 关断过程：栅极电压施加反向电压时，晶体管基极处的电流不存在，IGBT 关断。在栅极施加电压小于 0 V 或者低于门限阈值电压时，反向沟道无法继续保持，在 PN 结处没有空穴向 N⁻ 区移动。IGBT 开始进行关断过程，由于 MOSFET 关断过程中电流的下降，导致集电极电流也开始降低，主要原因是在开通过程中 N⁻ 区内会有少量空穴（少子）注入。当栅极进行反向关断的时候，集电极处的电流 I_C 开始快速下降，因为在 N⁻ 区内还有少数少子的存在，所以在 IGBT 关断期间会出现拖尾电流，该电流出现的时间长短与 IGBT 内部 PN 结厚度、掺与杂质的多少有关。

IGBT 的开关过程曲线如图 4-4 所示。其中，t_0 时刻，栅极驱动电压上升，其电压上升斜率主要影响因素为栅极电阻和栅极电荷 C_{GE}，栅极电阻越大，其上升速度越慢；从 t_1 时刻开始，集电极电流 I_C 开始上升；到达 t_2 时刻后，U_{GE} 开始下降，主要原因：一是母线功率电路中的分布电感所产生的电压会阻碍栅极电压的上升，并且减缓了集电极电压的增加；二是由于栅极驱动电路中栅极和发射极的电容 C_{GC} 的密勒效应引起的（在 IGBT 开通前，集电极电压大于栅极极电压 U_{GE}，IGBT 寄生电容 C_{GD} 储存的电量需要在其

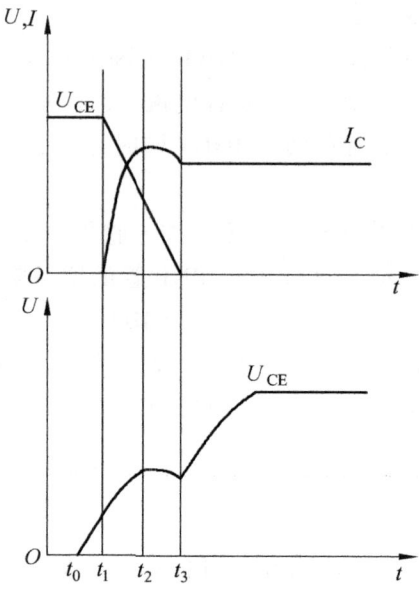

（a）开通特性

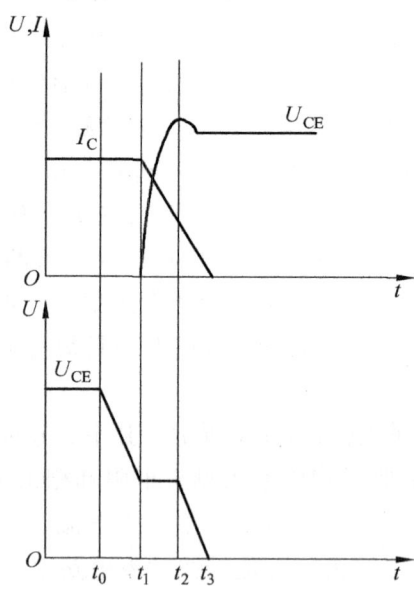

（b）关断特性

图 4-4　IGBT 的开关特性

导通时注入栅极的电荷与其中和，这是因为 IGBT 完全导通后集电极电压大于栅极电压，米勒效应会严重增加 IGBT 的开通损耗）；t_3 时刻，I_C 处于最大值，电容 C_{GC} 进入放电状态，驱动电路上的内阻抗开始增加，削弱了驱动电压。t_3 时刻之后，栅极驱动电压的影响因素消失，U_{GE} 开始达到最大值[37]。所以在 IGBT 开通过程中，影响开通特性的主要是 L 和电容 C_{GC}，要提高开通速度，需要尽量减少驱动电路栅极内阻。IGBT 开始关断时，在 t_0 时刻栅极电压 U_{GE} 开始下降，进入 t_1 时刻之后，由于分布电容 C_{GC} 密勒效应，IGBT 工作电路中放电回路会抵消部分栅极电压，U_{GE} 开始进入平台时间段，U_{GC} 继续上升。t_2 时刻之后，栅极电压彻底关断[38]。

IGBT 的等效电路如图 4-5 所示，当对 IGBT 门极加正偏电压时，这个电压会作用在其内部的 NPN 晶体管上，相当于对 J_3 施加了一个正偏电压，但其值并不大。当流过 IGBT 的电流在其额定范围内时，这个正偏电压不能使 J_3 结导通，所以 IGBT 内部的 NPN 晶体管不工作[39]。

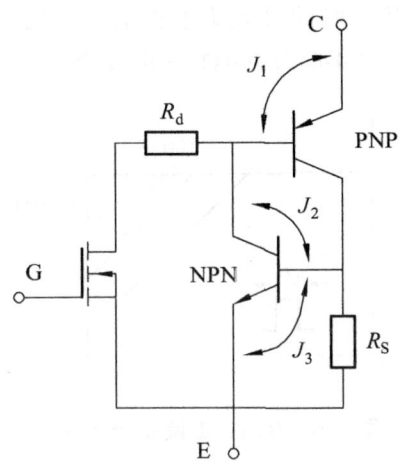

图 4-5 IGBT 的等效电路

I_C 继续上升，当其升高到足够大时，在电流的作用下最终将导致 IGBT 内的 BJT 导通，所以在这个时刻 IGBT 内的 NPN 和 PNP 晶体管同时导通。流过 IGBT 的电流将不受门极的控制，而电流却能进一步增大，使失控加深，最终将导致 IGBT 损坏。擎住效应与普通晶闸管被导通以后的情况类似，都是不能通过门极来控制器件的关断。除了过大的集电极电流引起的擎住效应，过高的 dU_{CE}/dt 同样也是引起擎住效应的一个重要原因。在 IGBT 关断时，U_{CE} 逐渐升高，此时集电极电流为：

$$I_{J2} = C_{J2} \frac{\mathrm{d}U_{NP}}{\mathrm{d}t}$$

可以看出，IGBT 在关断时，电压下降得越快，通过 R_S 的电流就越大，擎住效应发生的概率也就越大。

3. 安全工作区

IGBT 的安全工作区（SOA）是指 IGBT 在以正常工作不发生故障的前提下可允许的电流和电压的范围，当超出此范围工作时，IGBT 即有可能发生损坏[39]。其主要包括以下两个方面：

（1）正偏安全工作区。

IGBT 正偏安全工作区是指在导通 IGBT 时的安全工作区，其极限范围是用 IGBT 处于导通状态时的最大集电极电流、最大集电极发射极电压以及最大功耗来确定的。图 4-6 为 IGBT 正偏安全工作区。

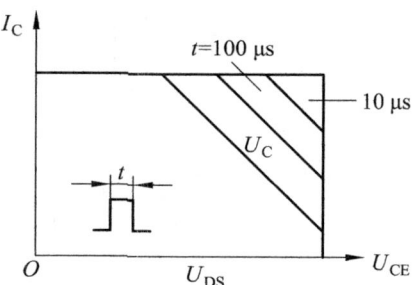

图 4-6 IGBT 正偏安全工作区

为避免擎住效应的发生，设计了最大集电极电流，IGBT 结构中 BJT 的击穿电压确定了最大集电极-发射极电压，最大允许的结温确定了最大集电极耗散功率。在正偏安全工作区内，IGBT 处于导通状态的时间越长，其发热就越大，这就导致其安全工作区的范围越小。

（2）反偏安全工作区。

IGBT 的反偏安全工作区是指在关断 IGBT 时的安全工作区，其极限范围是由 IGBT 处于关断状态时的最大集电极电流、最大集电极-发射极电压以及其变化率 dU_{CE}/dt 确定的。在反偏安全工作区内，$U_{GE} \leqslant 0$，但因为此时的空穴电流仍然存在,所以有电流流过 IGBT。IGBT 的反偏安全工作区如图 4-7 所示,可以看出,反偏安全工作区的范围会在 IGBT 两端电压变化率上升时减小[40]。

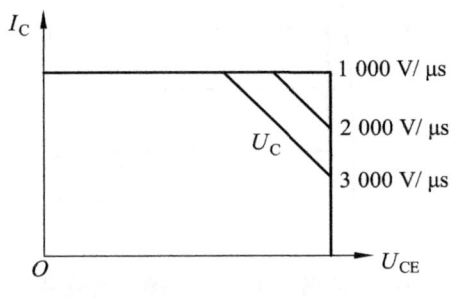

图 4-7　IGBT 反偏安全工作区

三、IGBT 保护特性

IGBT 保护电路的作用在于使得 IGBT 模块在发生短路、过流、过温、欠压、过压等故障后驱动信号能够被及时地关闭,从而大大降低 IGBT 损坏的概率,提高整个电力电子功率装置工作的可靠性[41]。

1. 短路/过流保护

IGBT 的短路故障主要分为三类:桥臂短路、负载短路、负载接地。在发生这些类型的短路故障之后,若 IGBT 不能被及时关断,将会立即损坏并影响整个功率装置的安全运行。图 4-8 所示为常温下 IGBT 的输出特性曲线,图 4-9 为 IGBT 短路饱和电流、最长短路故障时间以及门极电压 U_{GE} 之间的关系。可知 IGBT 在运行过程中若发生短路故障,其集电极电流将会立即升高并很快到达饱和电流 I_{SC}(4 倍额定电流,$U_{GE}=15\text{ V}$),由 IGBT 的输出特性曲线可知其将发生退饱和现象,集电极-发射极电压 U_{CE} 也将迅速升高,所以检测 IGBT 短路故障的常用方法即是检测集电极电流、集电极电流变化率或集电极发射极电压。集电极电流检测通常是在模块内部内嵌电流检测模块或在外部放置电流传感器等,集电极电流变化率的检测是通过模块内部杂散电感上的寄生电压的检测来间接获取,而 U_{CE} 的检测则简单得多,可以直接检测且电路简单,因此,很多 IGBT 驱动保护集成芯片集成了基于 U_{CE} 检测的短路保护方式,比如 HCPL-36J。

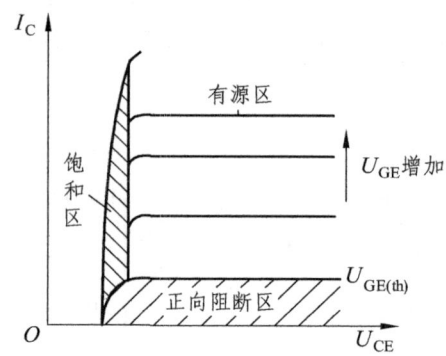

图 4-8　常温下 IGBT 的输出特性曲线

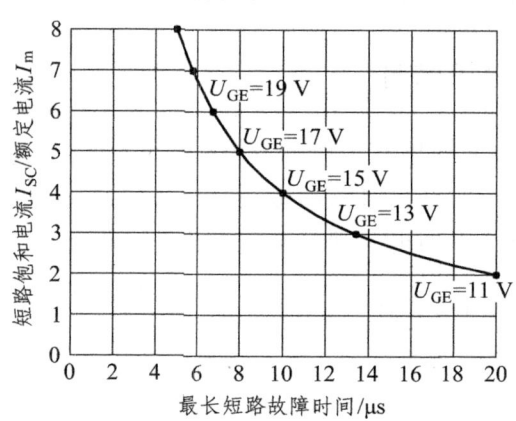

图 4-9　IGBT 最长短路故障时间 VS 短路饱和电流

IGBT 过流保护的原理与短路故障类似，检测手段化可以采用相同的方法。通过检测 U_{CE} 的方式来进行 IGBT 的过流保护。当 IGBT 的工作电流逐渐升高，直至高于额定工作电流的 1.5 倍（该值根据 IGBT 模块应用场合的要求进行相应的设置）时，IGBT 的通态压降逐渐升高，直至达到过流保护的门槛值，触发保护电路工作，关断过流状态下的 IGBT，同时发送一个故障信号给原边的报警电路。

在不同的应用场合，对于该处具体的过流保护门槛值，需要对某种特定类型的 IGBT 进行实验测试。同时，也需要考虑 IGBT 工作温度的影响。由于 IGBT 的通态压降与芯片的工作温度呈正温度系数关系，所以 IGBT 芯片工作温度升高会导致过流保护门槛值降低，该点需要特别注意。

2. 欠压保护

欠压故障指的是 IGBT 在运行过程中，驱动保护电路的高压侧供电电源正压突然降低，进而导致 IGBT 的通态损耗增加，甚至不能有效开通 IGBT，因此在发生欠压故障时也应及时关断故障的 IGBT，以保障功率系统的可靠性运行。其工作原理如图 4-10 所示。

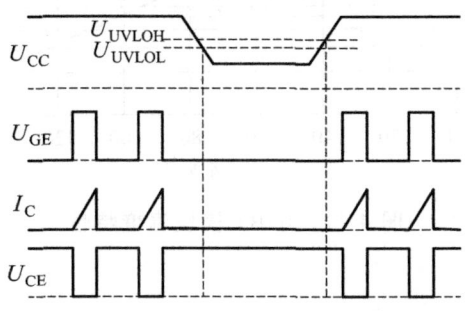

图 4-10　欠压保护工作原理示意图

图 4-12 中，V_{CC} 是高压侧驱动电路供电电源正压，U_{CE} 是 IGBT 门极信号，I_C 是集电极电流，U_{CE} 是集电极发射极电压。通常当供电电源电压 V_{CC} 小于 U_{UVLOL} 时，则输出信号将会一直被关断，直至 V_{CC} 再次高于 U_{UVLOL}，电路才会重新正常工作。此处欠压故障的检测采用了滞回的处理方法，防止 V_{CC} 在欠压故障门槛值附近时引起不必要的开关动作。

3. 过温保护

IGBT 芯片由硅材料组成，其工作的极限温度一般是 150~170 ℃，因此在运行的过程中要保证 IGBT 芯片的结温一直低于该温度。在做好散热工作的同时，需要设置过温故障检测保护电路，当 IGBT 芯片的结温过高时及时地关断该 IGBT 模块，以降低模块损坏的概率。通常将 IGBT 模块内部基板上靠近 IGBT 芯片放置 NTC，然后将图 4-11 所示的 NTC 随温度变化所产生的阻值的变化转换为电压的变化，当 NTC 的阻值低于门槛值时，通过电压比较电路及时检测出来，将故障信号传回控制器，并根据系统的需要关断处于过温故障的 IGBT 模块以及整个功率系统。

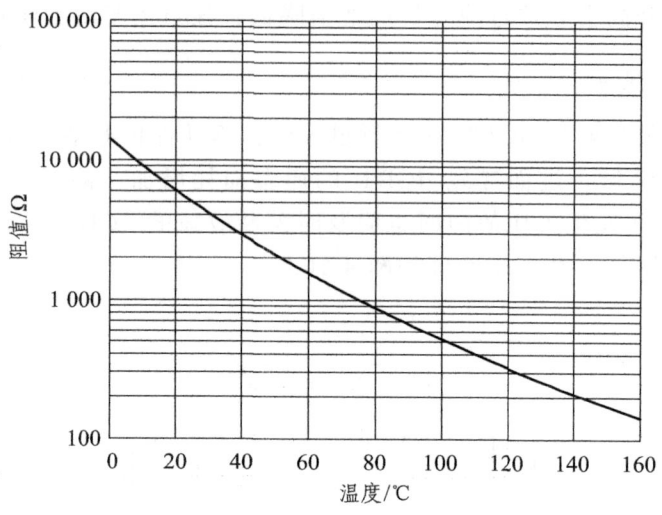

图 4-11 IGBT 模块温度特性

第四节 大功率逆变器技术

一、逆变器技术概述

逆变器的作用是经过半导体功率开关器件（如 GTO、GTR、IGBT、功率 MOSFET 等）的开通和关断作用，把直流电能变换成交流电能的一种电力电子变换器。由于它是通过半导体功率开关器件的开通和关断来实现电能变换的，因此其变换效率比较高，但变换输出的波形却很差，含有相当多谐波成分的波形，因而还需要进行交流低通滤波器的滤波。

随着电力电子技术特别是全控型器件的快速发展，基于电力电子器件的逆变器逐步深入工业生产和人民生活的诸多领域。在交通领域，电气化铁路、地铁的机车牵引系统需要牵引逆变器将电网的电能转变为电动机需要的形式，并控制机车的平稳运行；电动汽车需要逆变器作为电驱机构，将电池存储的直流电提供给交流电动机使用，并实现车辆速度控制。在发电领域，风力发电机使用逆变器将随风变化的电能转变为固定频率、固定电压的电能，输送给电网；太阳能发电使用逆变器将光伏电池输出的直流电转变为电网需要的 50 Hz 形式输送给电网。在工业生产中大量的电机设备使用逆变器控制，涉及钢铁、矿山、港口、机械加工等诸多领域。

1964年，A. Schonung和H. Stemmler提出了把通信系统调制技术应用到逆变技术中的正弦波脉宽调制技术（SPWM），由于当时开关器件的速度慢而未得到及时推广，直到1975年才由Bristol大学的S. R. Bowes等人将其正式应用到逆变技术中，使逆变器的性能大大提高，并得到了广泛的应用和发展，也使正弦波逆变技术达到了一个新的高度。此后，各种不同的PWM技术相继出现，成为高速开关器件逆变器的主导控制方式。至此，正弦波逆变技术的发展基本完善。

在当今的PWM逆变器中，输出变压器和交流滤波器的体积重量占主要部分。为了减小输出变压器和交流滤波器的体积重量、提高逆变器的功率密度，高频化是主要发展方向之一，如提高SPWM逆变器的开关率，采用交流传动用变频器的内高频环等。提高SPWM逆变器开关频率可以减小交流滤波器的体积重量，内高频环可以减小变压器的体积重量。但逆变器的高频化也存在一些问题，如使开关损耗增加、电磁干扰增大。同样是减小输出变压器和滤波器的体积，增加逆变器的电平数也是广泛应用的一种方式，如三电平、多电平、模块化多电平MMC等，通过增加电平数使得逆变器输出波形向正弦波逼近，减小谐波含量从而减小滤波器体积，甚至无须配置滤波器。

此外，导体的集肤效应与邻近效应、电容的寄生电阻及磁元件的寄生参数等问题都需要解决，其中最主要的就是开关损耗和电磁干扰问题。解决这些问题最有效的办法有两个：一是提高开关器件的速度，二是用谐振或准谐振的方式使逆变器开关工作在软开关状态。这就促使人们对谐振的研究产生了兴趣，用 LC 与开关器件共同组成一个串联或并联谐振回路，利用回路在各开关周期中的全谐振使器件工作在零电流转换（并联谐振）或零电压转换（串联谐振）的软开关状态，从而把开关损耗减小到零。这种软开关方式也是现在逆变器研究和发展的一个重要方向。

随着逆变器的应用越来越广泛，对逆变器升降压能力等多方面的性能需求也越来越高，新型逆变器拓扑成为逆变器研究的重要方向。Z源逆变器就是近年来提出的一种重要拓扑形式，与传统逆变器相比，Z源逆变器具有可直通、控制简单、升压能力强的优点，在同相供电系统中有广阔的应用前景。

逆变器技术内容丰富，包括了两电平、三电平、多电平的各种PWM脉宽调制技术，如正弦脉宽调制 SPWM 技术、空间矢量脉宽调制 SVPWM 技术、消除特定谐波 SHEPWM 技术、多重化逆变技术等。本章主要介绍适用于大功率牵引变流的三电平逆变器技术及新型 Z 源逆变器技术。

二、三电平逆变器技术

在大功率牵引逆变器中，受开关器件开关损耗及散热的限制，开关频率一般只有几百赫兹[42]。在开关频率较低的情况下，牵引逆变器输出波形的谐波含量会比较大。这些谐波会造成牵引电机附加损耗增加和运行温度升高，缩短电机绝缘寿命，同时还会使牵引电机输出转矩产生脉动，产生机械震动和噪声等问题，对高速动车组或大功率电力机车的牵引性能造成了很大的影响[43]。因此，有必要采用优化 PWM 方法来减少牵引逆变器输出波形的谐波。

优化 PWM 是一种基于目标函数最值求解的最优化调制方法。在对逆变器输出谐波进行优化时，目标函数的形式主要有特定谐波消除（Selective Harmonic Elimination，SHE）[44]、最小总谐波畸变率（Total Harmonic Distortion，THD）[45-46]、最小畸变系数（Distortion Factor，DF）[47]。特定谐波消除 PWM（SHEPWM）虽然能消除特定的低次谐波，但是剩余谐波含量大，导致输出波形的 THD 较大[48]。文献[46]以最小电流 THD 为优化目标，对逆变器输出电流 THD 进行了优化。对于这种复杂非线性优化问题，采用人工智能优化算法来求解比较有效。文献[45]首次将粒子群优化（Particle Swarm Optimization，PSO）算法应用于优化 PWM 问题中，PSO 算法能在较短时间内快速地求出最优开关时刻。

（一）三电平牵引逆变器-电机驱动系统谐波优化模型

1. 三电平牵引逆变器-电机驱动系统

图 4-12 给出了三电平牵引逆变器-电机驱动系统的主电路结构图。假定图 4-12 中三电平逆变器的输出相电压是四分之一周期对称，二分之一周期反对称的，如图 4-13 所示。由傅里叶变换可知，这样的波形可以保证逆变器输出电压不含直流分量和偶数次谐波。由波形的对称性可知，只要确定第一个四分之一周期内的 N 个脉冲开关角度，三电平逆变器的输出电压脉冲序列就能唯一确定。

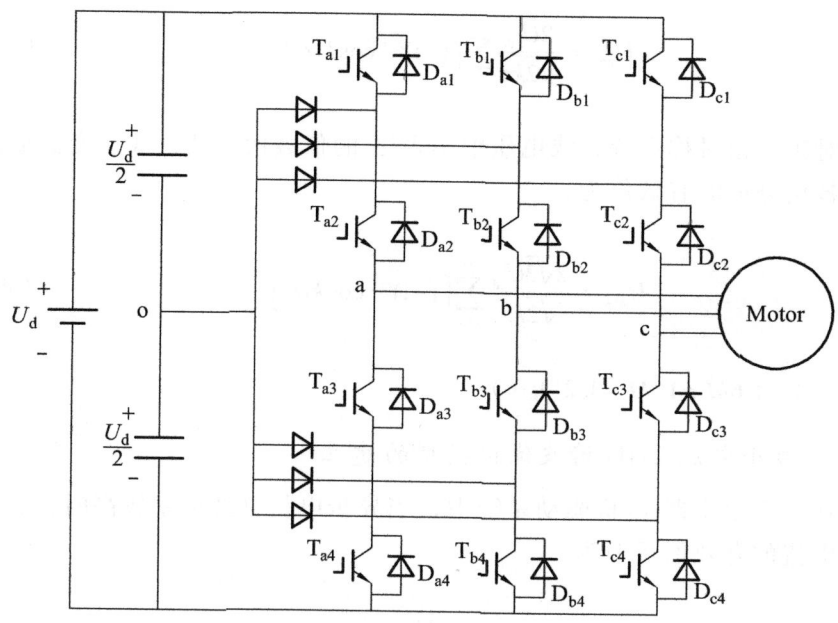

图 4-12 三电平牵引逆变器-电机驱动系统主电路

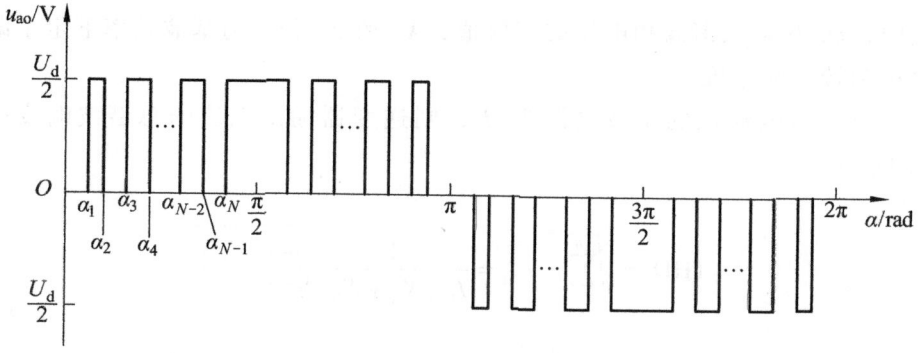

图 4-13 相电压 u_{ao} 的波形

图 4-13 中，A 相电压 u_{ao} 的傅里叶变换为：

$$u_{ao} = \sum_{k=1,3,5,\cdots}^{\infty} U_{aok} \times \sqrt{2} \sin k\alpha \qquad (4-1)$$

其中，U_{aok} 是相电压 u_{ao} 的第 k 次谐波分量的有效值。

$$U_{aok} = \frac{2U_d}{\sqrt{2}k\pi} \sum_{i=1}^{N} \left[(-1)^{i-1} \cos k\alpha_i \right] \quad (4\text{-}2)$$

对于三相对称系统，线电压中不含 3 的倍数次谐波，故逆变器输出线电压各次分量的有效值为：

$$U_{abk} = \frac{2\sqrt{3}U_d}{\sqrt{2}k\pi} \sum_{i=1}^{N} \left[(-1)^{i-1} \cos k\alpha_i \right] \quad (4\text{-}3)$$

其中，$k = 1, 6M \pm 1 (M = 1, 2, 3, \cdots)$。

2. 最小电流 THD 谐波优化模型的建立

在牵引逆变器-电机驱动系统中，当异步电机基波频率较高时，其 k 次谐波电流的有效值近似为：

$$I_k = \frac{U_k}{k(X_{ls} + X_{lr})} \quad (4\text{-}4)$$

其中，U_k 为 k 次谐波相电压的有效值，X_{ls} 和 X_{lr} 分别为基波频率下定子漏电抗和转子漏电抗。

设异步电动机的基波电流为 I_1，则逆变器输出电流的总谐波畸变率 THD_i 为

$$\begin{aligned}\text{THD}_i &= \sqrt{\sum_{k=2}^{50} I_k^2} \Big/ I_1 = \frac{1}{I_1 \cdot (X_{ls} + X_{lr})} \sqrt{\sum_{k=2}^{50} \left(\frac{U_k}{k} \right)^2} \\ &= \frac{1}{U_{ab1}} \sqrt{\sum_{k=2}^{50} \left(\frac{U_{abk}}{k} \right)^2}\end{aligned} \quad (4\text{-}5)$$

根据工程应用的要求，计算 THD 时最高次谐波取到 50 次即可。由于逆变器输出线电压只含有 $6m \pm 1$ 次谐波，所以逆变器输出电流也只含有 $6m \pm 1$ 次谐波，则优化问题可描述如下：

$$\min: F_2(\alpha) = \frac{1}{U_{ab1}} \times \sqrt{\sum_{m=1}^{8}\left(\frac{U_{ab(6m-1)}^2}{(6m-1)^2} + \frac{U_{ab(6m+1)}^2}{(6m+1)^2}\right)} \quad (4\text{-}6)$$

$$\text{s.t. } 0 \leqslant \alpha_1 \leqslant \alpha_2 \leqslant \cdots \leqslant \alpha_N \leqslant \frac{\pi}{2}, \quad U_{ab1} = U_{ab1}^*$$

(二) PSO 算法

1. PSO 算法的基本原理

PSO 算法由美国的 Kennedy 和 Eberhart 博士在受鸟群觅食行为启发后于 1995 年提出[49]。PSO 算法与其他进化算法类似，也采用群体和进化的概念。在 PSO 算法中，假设在 n 维空间内搜索全局优化问题的最优解，每个粒子表示 n 维空间的一个可行解。种群中粒子的个数称为种群规模。用 n 维向量 $X_i = (x_{i1}, x_{i2}, \cdots, x_{in})$ 来表示第 i 个粒子的位置，用 n 维向量 $V_i = (v_{i1}, v_{i2}, \cdots, v_{in})$ 来表示第 i 个粒子的速度。粒子在搜索空间飞行过程中，它自身所经历过的最优位置记作 $P_i = (p_{i1}, p_{i2}, \cdots, p_{in})$，也称为 pbest。整个群体经历过的最优位置用索引符号 g 表示，即 $\boldsymbol{P}_g$，记作 gbest。粒子位置的优劣是由目标函数来评价的。在迭代过程中，粒子的速度和位置更新公式如下：

$$v_{id}(t+1) = wv_{id}(t) + c_1 r_1 \left[p_{id}(t) - x_{id}(t)\right] + c_2 r_2 \left[p_{gd}(t) - x_{id}(t)\right] \quad (4\text{-}7)$$

$$x_{id}(t+1) = x_{id}(t) + v_{id}(t+1) \quad (4\text{-}8)$$

式中，t 为当前迭代次数，w 为惯性权重；c_1 和 c_2 为加速常量；r_1 和 r_2 为 2 个在[0, 1]范围内服从均匀分布的随机变量，使其依据自身速度进行惯性运动。

惯性权重系数 w 采用递减形式：

$$w = (w_1 - w_2) \cdot \frac{T - t}{T} + w_2 \quad (4\text{-}9)$$

式中，w_1 为最大惯性权重，w_2 为最小惯性权重，T 为最大迭代次数。

本文中 PSO 算法的主要参数设置如下：种群规模 $M = 40$；$c_1 = c_2 = 1.5$；$w_1 = 0.9$，$w_2 = 0.4$；$T = 1000$。

2. POS 算法优化流程及仿真研究

1）优化流程

（1）随机初始化粒子群，包括粒子的速度和位置，并初始化 pbest 和 gbest，$t=0$。

（2）根据式（4-7）和（4-8）更新每个粒子的速度和位置。

（3）计算每个粒子当前的适应度函数值。

（4）更新 pbest 和 gbest。

（5）若达到停止条件输出最优个体，否则返回（2）。

（6）$t=t+1$，若 t 达到最大迭代次数 T，则停止迭代。

2）仿真研究

为了验证 PSO-PWM 方法对牵引逆变器输出电流谐波的优化效果，在 Matlab/Simulink 平台上搭建了三电平牵引逆变器-电机驱动系统的仿真模型，然后进行仿真研究。模型中牵引逆变器直流侧电压 $U_d = 3\,000\,\text{V}$，牵引电机的额定电压 $U_N = 3\,000\,\text{V}$，额定电流 $I_N = 145\,\text{A}$，额定功率 $P_N = 562\,\text{kW}$，额定功率因数 $\cos\varphi_N = 0.89$，负载转矩 $T_L = 500\,\text{N}\cdot\text{m}$。此处定义调制度 $m = 2\sqrt{2}U_1/\sqrt{3}U_d$，其中，$U_1$ 为逆变器输出线电压的基波有效值。

受开关频率的限制，牵引逆变器通常采用多模式 PWM 调制方法进行控制，如图 4-14 所示。本书定义开关频率为开关器件在一个基波周期内的

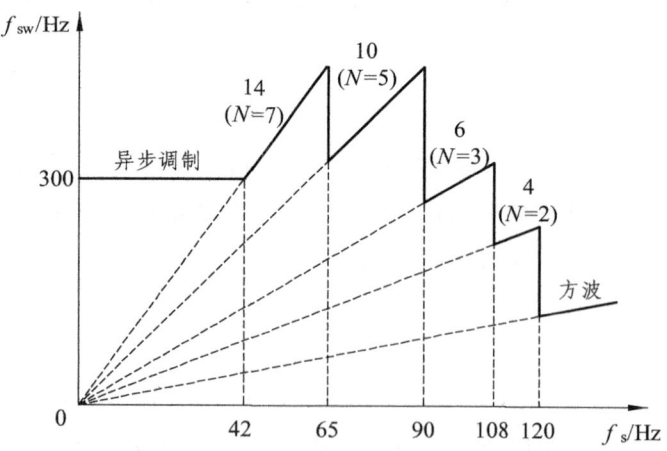

图 4-14 牵引逆变器多模式 PWM 调制策略

平均开关频率，即开关频率 $N \cdot f_{sw} = N \cdot f_s$，其中 f_s 为牵引电机的定子频率。在图 4-14 中，当定子频率 f_s 低于 120 Hz 时，牵引电机工作在恒转矩区，采用恒压频比控制方式。由于调制度 m 正比于牵引电机定子电压的基波有效值 U_1，所以在恒转矩工作区内，m/f_s 保持为常数不变。

为了验证 PSO-PWM 的谐波优化效果，在分段同步调制的不同分频段上各选取一个工作点，对比传统 SPWM 和 PSO-PWM 两种方法控制下牵引逆变器输出电流波形的谐波含量，如图 4-15 所示。图 4-15 上侧的波形由 SPWM 方法得到，下侧的波形由 PSO-PWM 方法得到。

对比图 4-15 中不同分频段下由两种 PWM 方法得到的逆变器输出电流波形可知，PSO-PWM 得到的电流 THD 要比 SPWM 的低许多，且电流波形正弦度更好。不同分频段的 4 个工作点的电流波形都得到了一定程度的优化，则验证了该 PSO-PWM 方法具有良好的谐波优化效果。

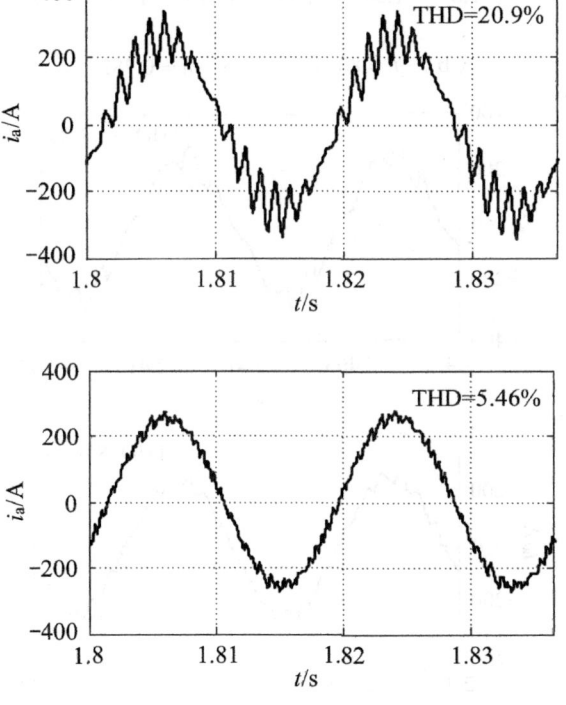

(a) $f = 55$ Hz，$N = 7$，$m = 0.537$

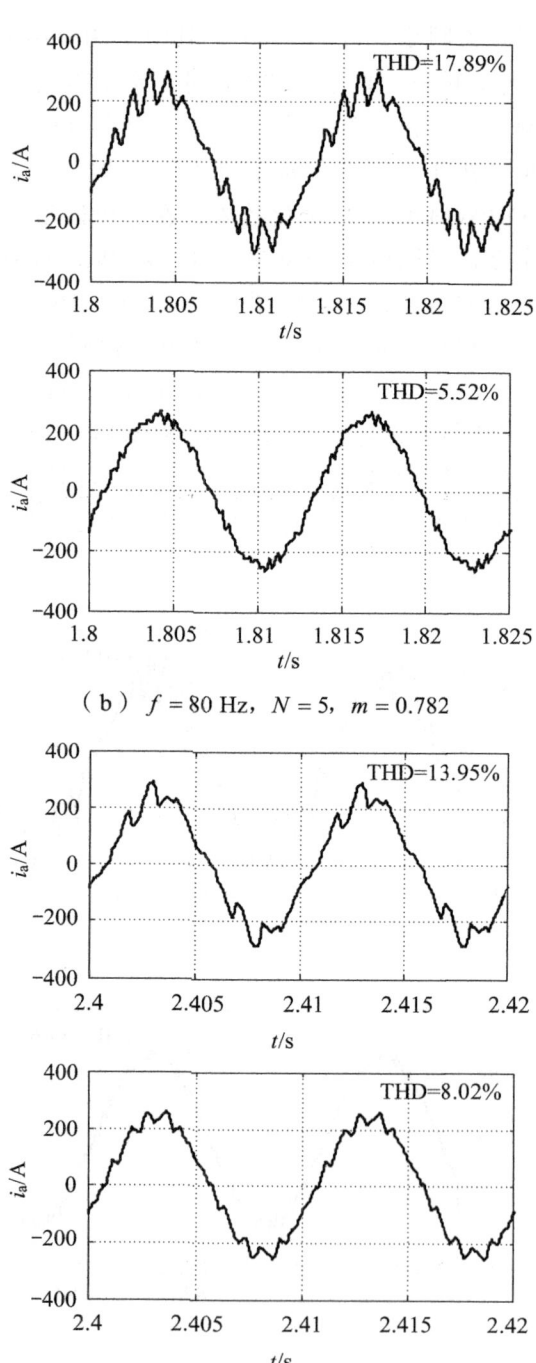

（b）$f = 80$ Hz, $N = 5$, $m = 0.782$

（c）$f = 100$ Hz, $N = 3$, $m = 0.977$

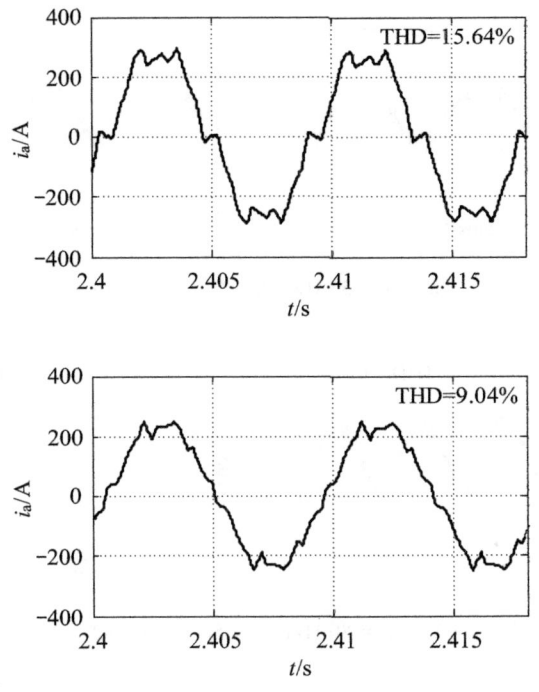

（d）$f=110$ Hz，$N=2$，$m=1.075$

图 4-15　不同工作点下，两种 PWM 方法谐波优化效果的仿真对比

3. 半实物实验

利用 TMS320F2812 控制板和 RTLAB 实时仿真机组成的半实物实验系统对 PSO-PWM 方法进行了半实物实验研究。RTLAB 实时仿真机中运行牵引逆变器-电机驱动系统主回路模型；DSP 控制板中运行 PWM 控制算法。RTLAB 实时仿真机中主回路模型的参数与 Matlab 仿真模型的参数相同。主回路模型中的电压、电流信号经过 10 000 倍的衰减后，可通过仿真机的模拟输出（AO）端口输出，以供测量。

图 4-16 是在分段同步调制的不同分频段下，牵引逆变器分别采用 SPWM 和 PSO-PWM 算法进行控制时得到的输出电流波形。同样地，图 4-16 左侧的波形由 SPWM 方法得到，右侧的波形由 PSO-PWM 方法得到。可以看出，半实物实验结果与仿真结果基本一致。

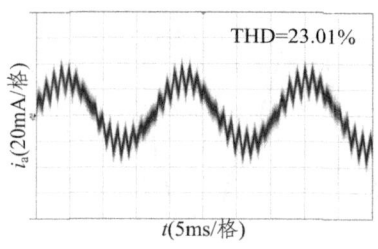 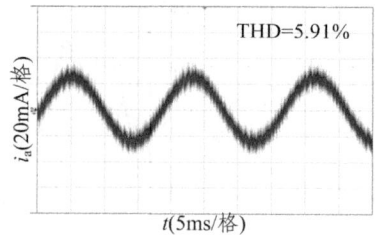

（a）$f = 55\ \text{Hz}$，$N = 7$，$m = 0.537$

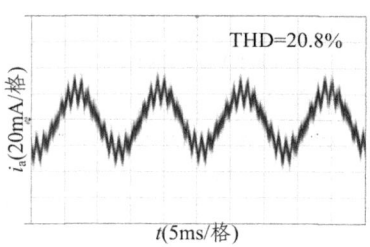 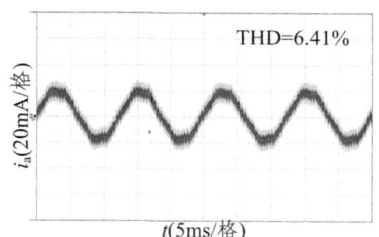

（b）$f = 80\ \text{Hz}$，$N = 5$，$m = 0.782$

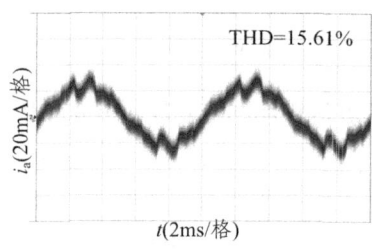 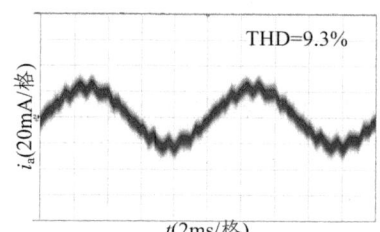

（c）$f = 100\ \text{Hz}$，$N = 3$，$m = 0.977$

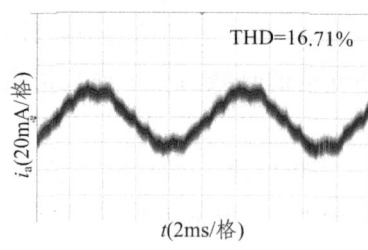 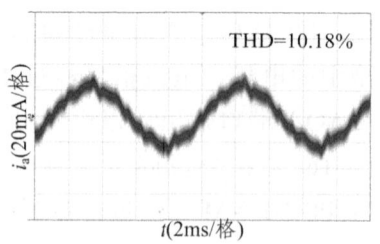

（d）$f = 110\ \text{Hz}$，$N = 2$，$m = 1.075$

图 4-16　不同工作点下，两种 PWM 方法谐波优化效果的实验对比

将粒子群优化算法应用于优化 PWM 问题的求解,并用这种 PSO-PWM 方法对大功率三电平牵引逆变器的输出波形进行谐波优化。首先,建立了最小电流 THD 的谐波优化模型。其次,通过在分段同步调制的不同分频段 PSO-PWM 与传统 SPWM 的比较,可知 PSO-PWM 方法具有良好的谐波优化效果。仿真和半实物实验结果均验证了 PSO-PWM 对牵引逆变器的谐波优化效果。

三、Z 源逆变器技术

(一)准 Z 源逆变器拓扑

分布式发电系统的广泛使用,使其对于逆变器升压能力要求越来越高,传统逆变器难以满足其特殊要求。另一方面,为防止传统逆变器上下桥臂直通,传统电压源逆变器需要引入死区控制。这样不仅增加了输出电压的谐波含量,而且增加了控制系统的复杂性[50-51]。

与传统逆变器相比,Z 源逆变器具有可直通、控制简单、升压能力强的优点,能有效克服传统逆变器的不足,适应新能源发电的需求。为了更好地适应分布式发电系统的需求,准 Z 源逆变器被提出,其结构如图 4-17 所示,输入电流连续、电容电压应力小,但是这种结构的逆变器输出电压较低,难以满足现实需要[53]。为了解决此问题,许多国内外同行在改善准 Z 源逆变器输出电压方面做了大量研究,提出了很多新的拓扑结构[52-59]。

一种较为有效的解决方案是在准 Z 源逆变器拓扑中采用开关耦合电感,提出了基于开关耦合电感的准 Z 源逆变器(SCL-qZSI),其结构示意图如图 4-17 所示。SCL-qZSI 的升压比可表示为:

$$B = \frac{(1-D)+ND}{(1-D)^2 - ND^2} \quad (4-10)$$

此结构的逆变器的主要问题有:① SCL-qZSI 升压能力有限;② 拓扑结构比较复杂,开关损耗较大。

本书改进了开关耦合电感准 Z 源逆变器拓扑结构,提出新型开关耦合电感准 Z 源逆变器(New Type Switched Coupled Inductor quasi-Z-Source Inverter,NTSCI-qZSI)。其拓扑结构较为简单,逆变器输出电压得到了有效改善。

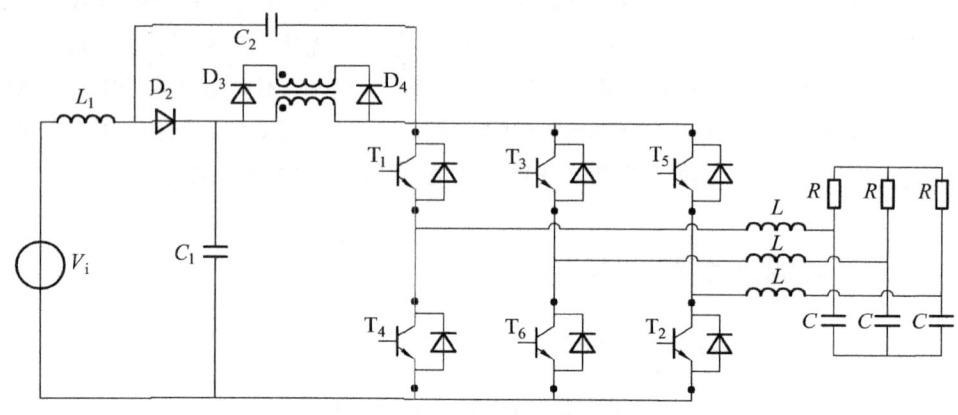

图 4-17 开关耦合电感准 Z 源逆变器拓扑结构原理图

（二）基于开关耦合电感的准 Z 源逆变器拓扑

1. 拓扑简介

新型逆变器结构：Z 源逆变器网络中的电感由耦合电感来替换，电容 C_2 由二极管来替换，在耦合电感之间增加二极管，其结构如图 4-18 所示。

原边匝数为 n_1，副边匝数为 n_2，定义耦合电感匝比为 N，耦合电感原、副边电压分别为 V_{Ln1}、V_{Ln2}，则有：$N = n_1 : n_2$，$V_{Ln1} = NV_{Ln2}$。

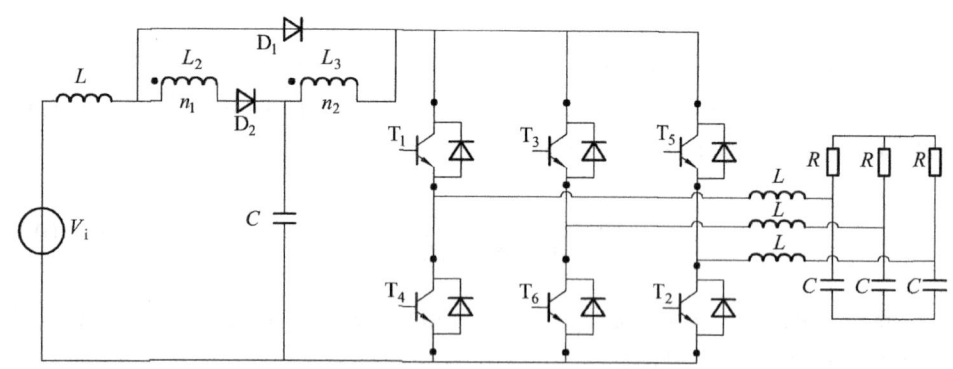

图 4-18 新型开关耦合电感准 Z 源逆变器拓扑结构

2. 稳态情况下的工作原理

模态 I：直通零矢量状态。当 D_1 承受正向电位时，该二极管处于导通状态，此时电源通过二极管 D_1 和逆变桥给电感 L 充电，电感处于储能状态。而电容 C 通过耦合电感副边和逆变桥回路对耦合电感副边进行放电，使之处于储能状态。耦合电感副边承受电容电压，极性左正右负，耦合至原边后电压极性相同，因此二极管 D_2 承受反向电压关断，等效电路如图 4-19（a）所示，此时系统满足：

$$\left.\begin{array}{r} V_i + V_L = 0 \\ V_{Ln2} + V_C = 0 \end{array}\right\} \tag{4-11}$$

模态 II：传统零矢量状态。这种状态下耦合电感电压极性为右边是正电位，左边是负电位，此时在 D_1 上施加的是反向电压，使之处于截止状态；D_2 上施加的是正向电压，使之处于导通状态，此时电路对 C 充电，因此 L 及耦合电感的原边处于储能状态。其电路图如图 4-19（b）所示，此时电路满足以下关系：

$$\left.\begin{array}{r} V_i + V_L + V_{Ln1} = 0 \\ V_C + V_{Ln2} = V_B \end{array}\right\} \tag{4-12}$$

模态 III：有效矢量状态。该状态下，逆变桥等效为电流源，二极管 D_1 关断，D_2 导通，输入电源、电感、耦合电感原边、耦合电感副边串联向负载供电，逆变桥直流链上的电压为两者叠加之和，因此与传统逆变器比较，在相同条件下，其输出电压得到较大程度的提高。其电路如图 4-19（c）所示，此时电路满足以下关系：

$$\left.\begin{array}{r} V_i + V_L + V_{Ln1} = 0 \\ V_C + V_{Ln2} = V_B \end{array}\right\} \tag{4-13}$$

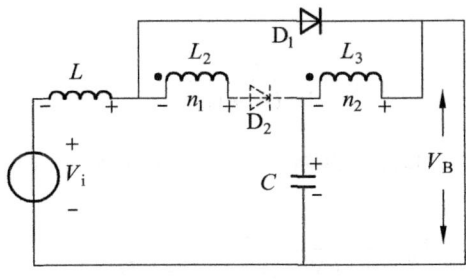

（a）直通状态等效电路

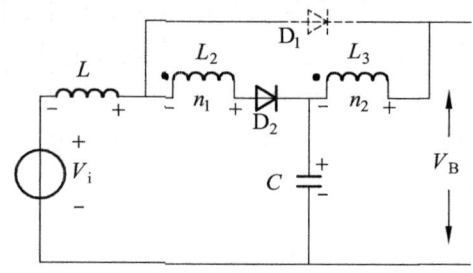

(b）传统零矢量状态

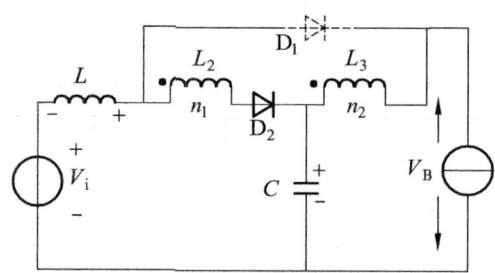

(c）有效矢量状态

图 4-19 新型逆变器稳态情况分析

（三）升压特性分析

当逆变器处于稳定状态时电路满足以下关系：

$$-DV_i + (1-D)[(1+N)V_C - V_i - NV_B] = 0 \quad (4\text{-}14)$$

$$-DNV_C + (1-D)N[V_B - V_C] = 0 \quad (4\text{-}15)$$

两式联立，可解得：

$$V_C = \frac{V_i}{1-(N+1)D} \quad (4\text{-}16)$$

公式（4-16）与公式（4-12）联解，可得直流链电压峰值 V_B 的表达式为：

$$V_B = \frac{V_i}{1-(N+2)D+(N+1)D^2} \quad (4\text{-}17)$$

新拓扑的升压因子 B 为：

$$B = \frac{1}{1-(N+2)D+(N+1)D^2} \quad (4\text{-}18)$$

从式（4-18）可以看出 B 与 N、D 相关。当 $N = 2$ 时，图 4-20 反映出不同拓扑结构的逆变器的 B 与 D 的关系曲线，B 均随 D 增大而增大，显然新型逆变器升压能力更强，其直通占空比必须满足 $D<1/(N+1)$。当 $D = 0.2$ 时，图 4-21 反映出传统逆变器与新拓扑结构逆变器的 B 与 N 的关系，从图中可以看出直通占空比 D 确定后，B 随 N 的增大而增大，且相同匝比条件下新拓扑升压能力更强。

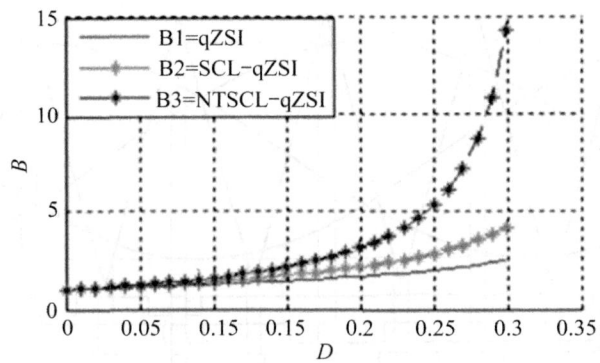

图 4-20　B 与 D 的关系曲线图

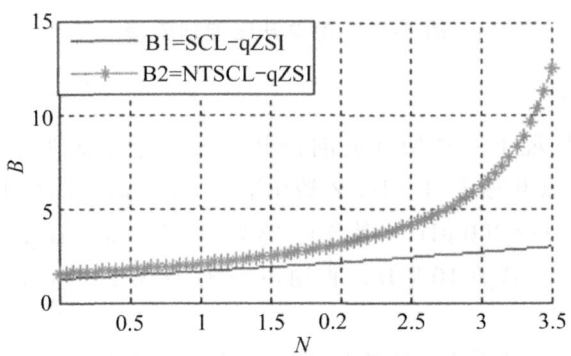

图 4-21　B 与 N 的关系曲线图

（四）控制策略及仿真验证

1. 控制策略

三次谐波注入控制、最大升压控制及简单升压控制等调制策略是目前此类逆变器的主流控制方式。为了更好地体现新拓扑在提升直流链电压方面的能力，我们采用简单升压调制方式，其突出优点是容易实现，其控制原理图如图 4-22 所示。

正弦调制度为 M，则输出电压基波幅值为：

$$\hat{V}_\text{o} = \frac{1}{2}MB = \frac{MV_\text{i}}{2[1-(N+2)D+(N+1)D^2]} \tag{4-19}$$

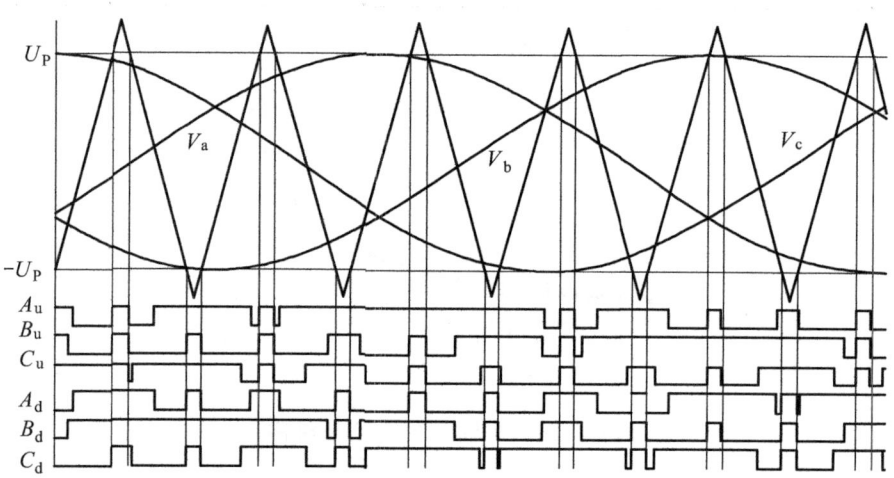

图 4-22 简单升压控制原理

2. 仿真验证

在 Matlab 环境下对新型开关耦合电感 Z 源逆变器进行了仿真验证，电路参数如下：Z 源电感 $L=1$ mH，Z 源电容 $C=800$ μF，耦合电感变比 $N=2$，耦合电感原边 $L_2=200$ μH，耦合电感副边 $L_3=200$ μH，输入电源电压 $V_\text{i}=100$ V，开关频率 $f=10$ kHz，直通占空比 $D=0.2$，调制度 $M=0.8$。仿真结果如图 4-23 所示。

从仿真图中可以看出，新拓扑逆变器直流链电压为 313 V，电容电压为 246 V，逆变器的输出电压为 119 V，仿真结果与理论分析较为吻合。

本节提出新拓扑结构的逆变器，新拓扑结构简单可靠，能大幅提升逆变器直流链电压，更好地适应分布式电源并网发电的需求。

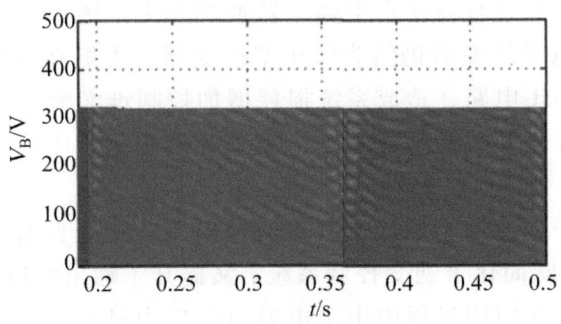

（a）直流链电压波形

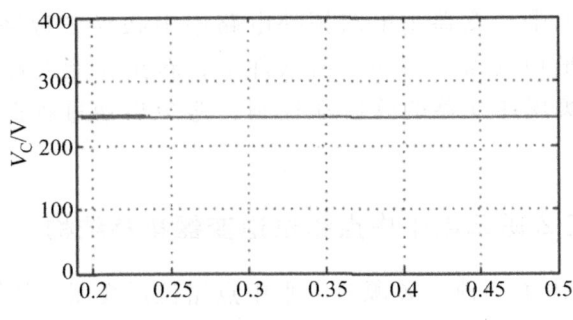

（b）Z源网络电容电压

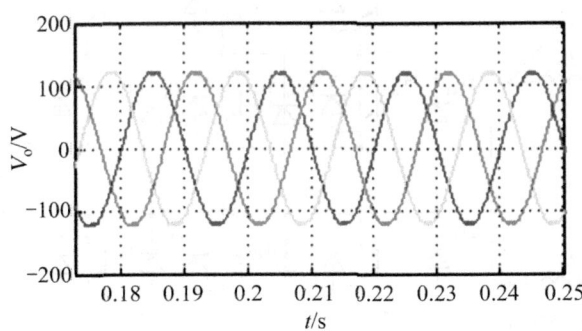

（c）逆变器输出电压波形

图 4-23　新型逆变器仿真图

四、Z 源三电平逆变器技术

三电平逆变器具有耐压水平高、转换功率大、输出波形谐波含量小的优点[60]。但三电平逆变器仍然为降压型逆变器，为提高直流链电压，通常要增加前级 Boost 电路，造成系统损耗增加控制难度增大[61~62]。由于三电平逆变器同一桥臂开关管不能直通，需要在调制信号中加入死区，输出波形的质量必然降低[63]。

Z 源三电平逆变器不但能提升直流链电压，还能直通工作。相对于多级逆变器而言，既简化了逆变控制系统，又提升了输出波形的质量。传统 Z 源三电平逆变器在使用过程中由于电容电压应力过大，易造成由于电容击穿而导致逆变器不能工作的故障[64]。针对这些不足，许多研究者从改进电路拓扑改善控制策略等方面入手并取得了一定成果[65~66]。

在 Z 源三电平逆变器主电路拓扑电路中串联双 Z 源网络，形成了新型双 Z 源三电平逆变器。相同输出条件下，新拓扑能大幅度降低 Z 源网络电容电压，实现逆变器的软启动控制，避免启动过程造成的电容电压冲击。

（一）传统 Z 源三电平中点钳位逆变器拓扑结构

文献[67]提出了一种双 Z 源三电平中点钳位逆变器，如图 4-24 所示。

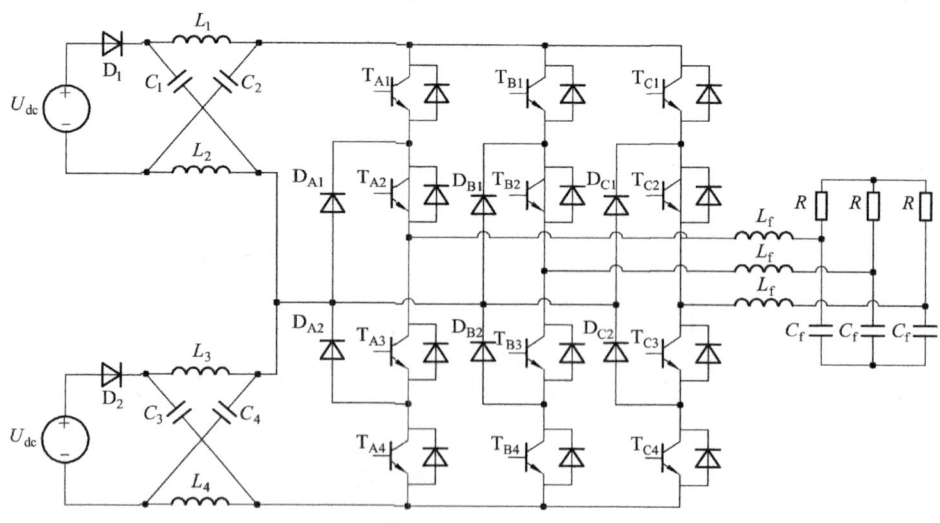

图 4-24　传统双 Z 源三电平中点嵌位逆变器

其直流链峰值电压 U_i 表达式为：

$$U_i = \frac{U_{dc}}{1-2D} \quad (4-20)$$

式中　U_{dc}——对称直流电源电压；
　　　D——直通占空比。

Z 源网络电容电压应力 U_C 为：

$$U_C = \frac{(1-D)U_{dc}}{1-2D} \quad (4-21)$$

逆变桥输出三种包含状态：U_{+N}、U_N、U_{-N}（分别记为+1、0、-1）。

$$U_{+N} = \frac{U_i}{2} = \frac{U_{dc}}{2(1-2D)} \quad (4-22)$$

$$U_N = 0 \quad (4-23)$$

$$U_{-N} = -\frac{U_i}{2} = -\frac{U_{dc}}{2(1-2D)} \quad (4-24)$$

$$U_o = M\frac{2U_{dc}}{2(1-2D)} = BMU_{dc} \quad (4-25)$$

式中　U_o——交流侧输出相电压峰值；
　　　B——直流升压因子，$B=1/(1-2D)$；
　　　M——正弦调制度。

（二）基于串联型的双 Z 源新型逆变器

1. 电路拓扑

基于串联型的双 Z 源新型逆变器电路拓扑如图 4-14 所示。即在电路中串联双 Z 源网络。其表达式为：

$$\begin{cases} L_1 = L_2 = L_3 = L_4 = L \\ C_1 = C_2 = C_3 = C_4 = C \end{cases} \quad (4-26)$$

由对称等效原理可得：

$$\begin{cases} U_{L1} = U_{L2} = U_{L3} = U_{L4} = U_L \\ U_{C1} = U_{C2} = U_{C3} = U_{C4} = U_C \end{cases} \quad (4\text{-}27)$$

其中，U_L 为 Z 源网络电感电压，U_C 为电容电压。

其每相桥臂存在三种工作状态：上直通、下直通、非直通。串联型的双 Z 源新型逆变器在不同的工作状态下，开关管及钳位二极管的导通情况和输出端电压 U_{AO} 如表 4-1 所示。

表 4-1 A 相桥臂开关状态和输出端电压 UAO

工作状态	导通开关管	导通二极管	U_{AO}
非直通 (+1)	T_{A1}、T_{A2}	D_1、D_2	$U_i/2$
非直通 (0)	T_{A2}、T_{A3}	D_1、D_2、D_{A1} (或 D_{A2})	0
非直通 (-1)	T_{A3}、T_{A4}	D_1、D_2	$-U_i/2$
上直通	T_{A1}、T_{A2}、T_{A3}	D_{A2}	0
下直通	T_{A2}、T_{A3}、T_{A4}	D_{A1}	0

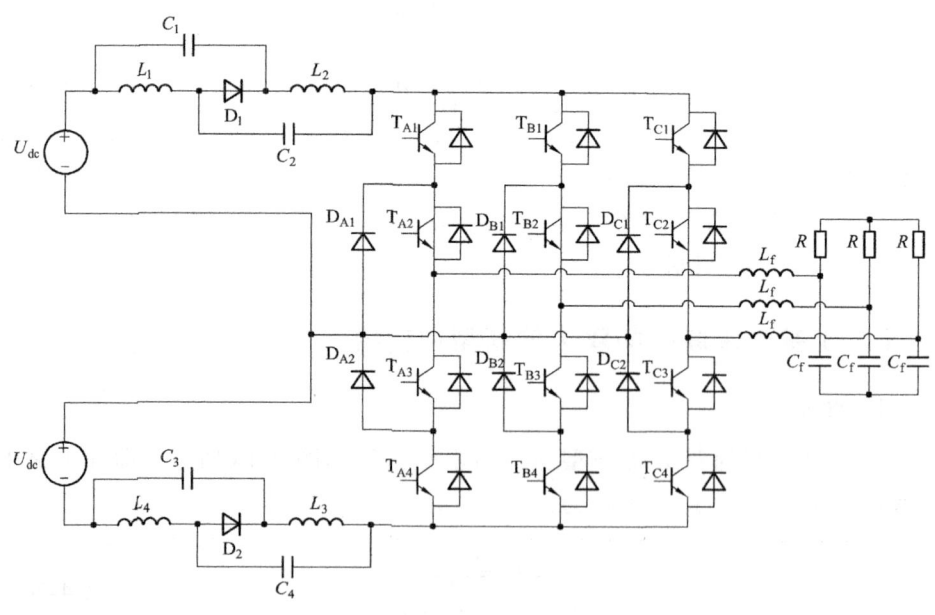

图 4-25 基于串联型的双 Z 源新型逆变器

2. 稳态工作原理

1）非直通状态

非直通状态下逆变器完成正常的逆变过程。电源向负载输出功率。三相逆变桥以中点为界等效为两个电流源，则该状态等效电路如图 4-26 所示。

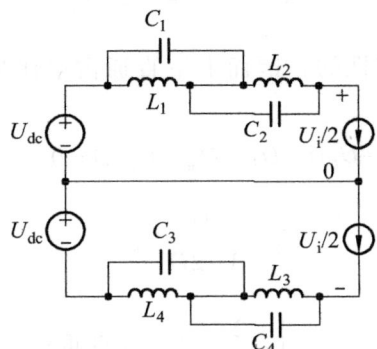

图 4-26　非直通等效电路

由回路电压原理（KVL）可得：

$$\left.\begin{array}{l} U_L = -U_C \\ U_i/2 = 2U_C + U_{dc} \\ U_{+N} = U_i/2, U_N = 0, U_{-N} = -U_i/2 \end{array}\right\} \quad (4\text{-}28)$$

2）直通状态

改进载波反向层叠调制策略下，当某相（如 A 相）逆变桥上直通时，另两相中（B、C 相）至少有一相工作在下直通状态，逆变器直通，二极管 D_1、D_2 关断，等效电路如图 4-27 所示。

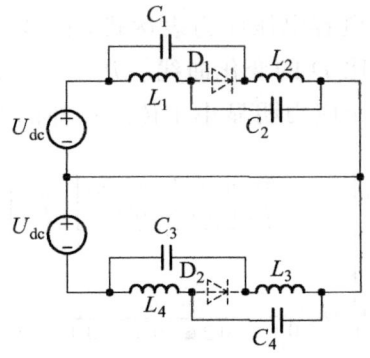

图 4-27　直通等效电路

由回路电压原理（KVL）可得：

$$\left.\begin{array}{l} U_L = U_{dc} + U_C \\ U_i = 0 \\ U_{(-N)} = U_N = U_{(+N)} = 0 \end{array}\right\} \quad （4-29）$$

由于逆变器是对称性的，因而上下直通占空比为同一个数值。上式可表达为：

$$-U_C(1-D) + (U_{dc} + U_C)D = 0 \quad （4-30）$$

$$U_C = \frac{D}{1-2D} U_{dc} \quad （4-31）$$

$$U_i = \begin{cases} \dfrac{2}{1-2D} U_{dc} & \text{（非直通）} \\ 0 & \text{（直通）} \end{cases} \quad （4-32）$$

直流升压因子表达式为 $B = 1/(1-2D)$，因此 U_o 可以表达为：

$$U_o = M \frac{2U_{dc}}{2(1-2D)} = BMU_{dc} \quad （4-33）$$

式中　U_o——交流侧输出相电压峰值。

3. 电容电压应力分析

式（4-21）和式（4-31）分别为传统源三电平中点钳位逆变器和串联型双 Z 源三电平逆变器的电容电压应力表达式。图 4-28 给出了两种拓扑的电容电压应力随直通占空比 D 的变化曲线。从图中可以看出，相同占空比条件下，新拓扑的电容电压应力明显小于传统拓扑的电容电压应力。

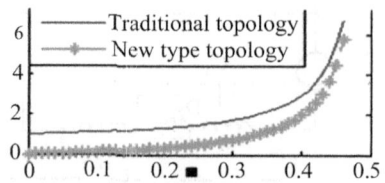

图 4-28　逆变器电压应力变化曲线

4. 电容电压软启动及调制策略

从式（4-31）可以看出，控制直通占空比 D 从 0 逐渐增大，就能够使 Z 源网络电容电压软启动控制，减小启动过程的冲击电压。

传统三电平逆变器常用的 PWM 调制方法有：同向载波层叠法、载波反向层叠法、空间矢量控制等。为适应 Z 源三电平逆变器直通工作的需要，本书提出了改进载波反向调制策略，原理如图 4-29 所示。正弦波与双列反向载波比较，产生正常逆变过程所需的 PWM，随正弦过零点变化的阶梯波分别与双列反向载波比较产生直通控制信号。该方法简单、可靠，易于实现。

为验证新拓扑的优越性及改进载波反向调制方法的可行性，本书利用 Matlab/Simlink 工具箱，分别对传统 Z 源三电平中点钳位逆变器和串联型双 Z 源三电平中点钳位逆变器做了仿真分析，输出经二阶滤波后接三相对称阻性负载。仿真参数选取如下：Z 源网络电感 $L=0.003$ H，Z 源网络电容 $C=500$ μF，输入直流电源电压 $U_{dc}=50$ V，开关频率 $f=10$ kHz，滤波电感 $L=0.04$ H，滤波电容 $C=20$ μF，负载电阻 $R=100$ Ω，直通占空比 $D=0.2$。仿真结果如图 4-30 所示。

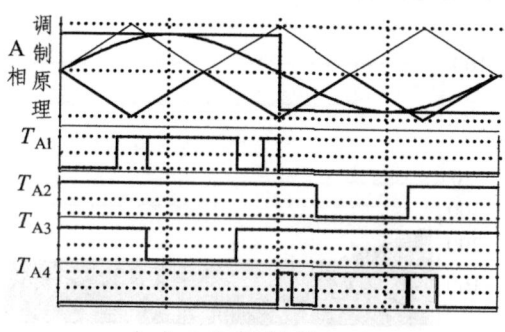

（a）A 相调制原理图

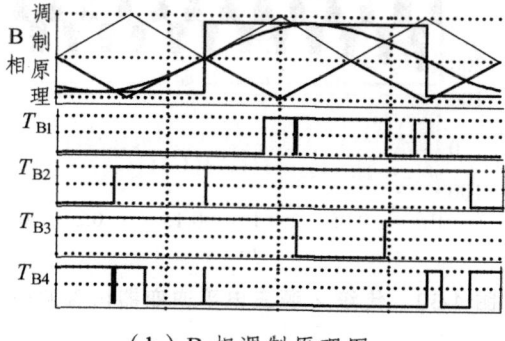

（b）B 相调制原理图

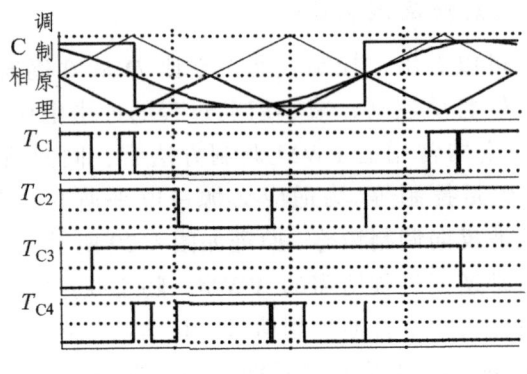

(c) C 相调制原理图

图 4-29 调制原理图

从图 4-31 可知,传统拓扑 Z 源逆变器处于稳态时电容电压应力约为 66 V,而基于串联型的双 Z 源新型逆变器为 17 V 左右,电容电压应力降低幅度明显。比较两次仿真结果启动阶段可以发现,软启动策略控制下启动过程的冲击电压得到很好的抑制。

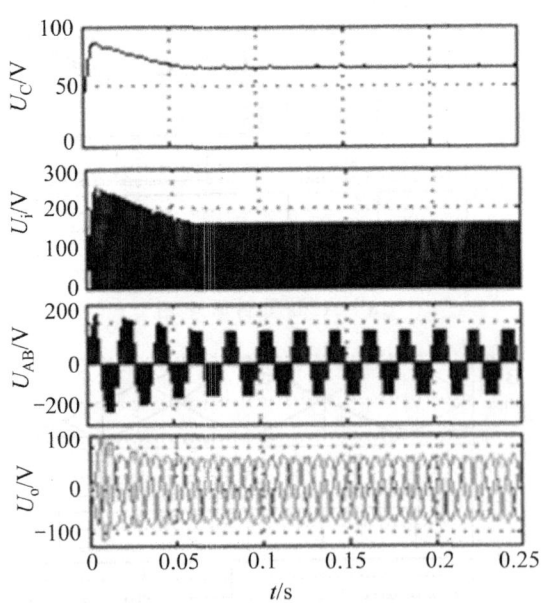

图 4-30 传统 Z 源三电平逆变器仿真波形

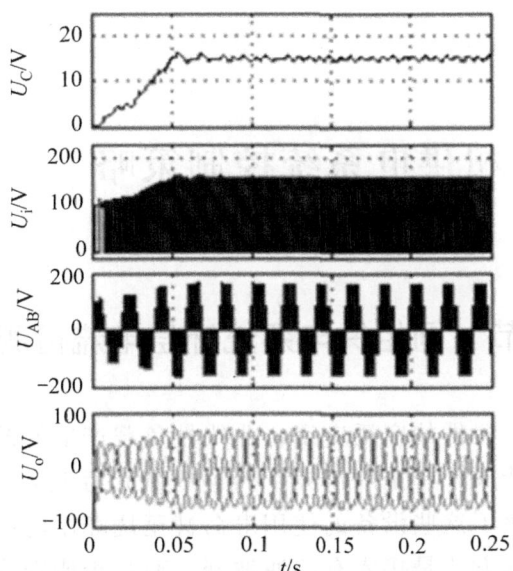

图 4-31 基于串联型的双 Z 源新型逆变器软启动仿真波形

综上,基于串联型的双 Z 源新型逆变器具有如下优点:

(1)稳态时基于串联型的双 Z 源新型逆变器电容电压应力低。

(2)基于串联型的双 Z 源新型逆变器具备较为理想的软启动能力。

(3)本书提出的调制策略能实现对 Z 源三电平中点钳位逆变器的有效控制。

第五章 同相供电系统控制策略

第一节 同相供电系统补偿电流检测方法

随着电力电子器件的广泛应用，非线性负载产生的谐波电流注入电力系统中，对电网造成了严重的污染，而这些谐波污染会对用户产生了严重的冲击，大大缩短了这些设备的使用寿命甚至烧坏用电设备。目前，解决谐波污染最有效的方法是接入有源滤波器，而是否能准确、快速地检测谐波电流会直接影响有源滤波器补偿性能。检测谐波电流的方法很多，文献[81，82]提出了基于 Fryze 时域功率定义的谐波检测法，该方法需要计算负载有功功率和电网电压有效值，运算需要一个周期的延迟，实时性差。文献[83]采用基于快速傅里叶变换（FFT）的电流检测方法，该方法能检测出各次谐波，但 FFT 运算同样至少需要一个周期的延时，实时性差，影响补偿精度。文献[84]通过神经网络来检测谐波电流，此方法虽然能够实时地检测出谐波电流，且有很强的抗干扰能力，但训练很复杂，如果电网环境变化，还需要重新训练，从而影响补偿效果。文献[85]提出了基于自适应的电流检测法，能跟随谐波变化而调整参数，健壮性好，但计算量大，只能检测某一次谐波分量。文献[86]采用基于小波变换的检测方法，虽然小波变换法特别适合突变信号的处理，但由于小波变换的频带划分并不绝对，会产生频带重叠现象，进而发生了小波混叠而影响检测精度。文献[87，88]提出了基于瞬时无功功率理论的 $p\text{-}q$ 法、$i_p\text{-}i_q$ 法和 $d\text{-}q$ 法。这是目前谐波检测应用最广的方法，当三相电压畸变或不对称时，$p\text{-}q$ 法检测出的谐波和无功电流有较大误差，$d\text{-}q$ 法及 $i_p\text{-}i_q$ 法因为采用了与 A 相电网电压同相位的正弦信号而消除了电源电压畸变、不对称对检测结果的影响，但由于采用了锁相环（PLL）电路，容易受到电网频率偏移的影响，并且在实际电路中容易受到信号干扰，即使是三相软件锁相环，3/2 变换只能消除零序，谐波的影响虽然可以通过 PI 调节，但大大降低了锁相环的动态响应速度。文献[89]介绍了一种基于广义积分器提取信号正序基波分量的方法，该方法可以滤除负序和谐波，本书将其运用到有源滤波器的锁相环环节，在瞬时无功理论的基础上，采用广义积分器提取电网三相电压正序基波分量来锁定相位，采用均值滤波器滤除 dq 分解后的有功电流分量和无功电流分量。广义积分基波提取法锁相克服了电网不平衡下锁相不准确的问题，同时均值滤波器响应速度快、延迟小，满足了 APF 实时性的要求。

一、系统组成与工作原理

（一）APF 结构和工作原理

图 5-1 是三相三线制下的并联型有源滤波器的系统结构示意图。该系统主要包括：

（1）电压型逆变模块（VSI）和连接电抗器，用于补偿负载畸变的谐波电流，通过它完成电网与直流电容有功功率和无功功率的交换。

（2）直流侧支撑电容，用于存储电能，为 VSI 提供直流电压支撑，同时补偿系统有功损耗，以保证直流电压稳定。

（3）锁相环，用于锁定电网电压相位。

（4）畸变电流检测模块（Distortion Dection），用于实时检测负载的谐波电流分量和无功电流分量，为 VSI 输出的补偿电流提供参考值。

（5）逆变器控制模块，可以通过直接电流控制或间接电流控制方法，使 VSI 输出电流实时跟踪指令电流的变化[90]。

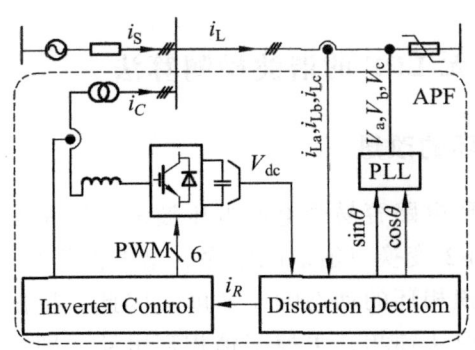

图 5-1　APF 系统结构图

（二）传统 i_p-i_q 谐波检测原理

锁相环和低通滤波器（LPF）的设计是有源滤波器谐波检测的核心环节[91]。谐波检测的精度和实时性直接影响有源滤波器的性能[92]。传统的 i_p-i_q 检测原理如图 5-2 所示，三相的负载电流经过 Park 变换得到 i_d、i_q 分量，对三相三线制电路，零序电流 i_z 分量为 0。在旋转 dq 坐标系下，有功电流 i_d 和无功电流 i_q 的直流分量对应负载三相电流的基波分量，其交流分量对应负载三相电流的谐波电流分量。i_d、i_q 分量经过 LPF 滤波后得到只含与基波相对应的直流分量，电压外环是采用 PI 控制器使得直流侧电压 U_{dc} 能实时跟踪到给定的参考电压 U_{ref}。最后经过 Park 反变换后得到只包含正序基波的电流值 i_f，i_f 再与负载电流 i_L 做差得到谐波电流信号 i_h，该信号取反后作为有源滤波器的指令电流信号。

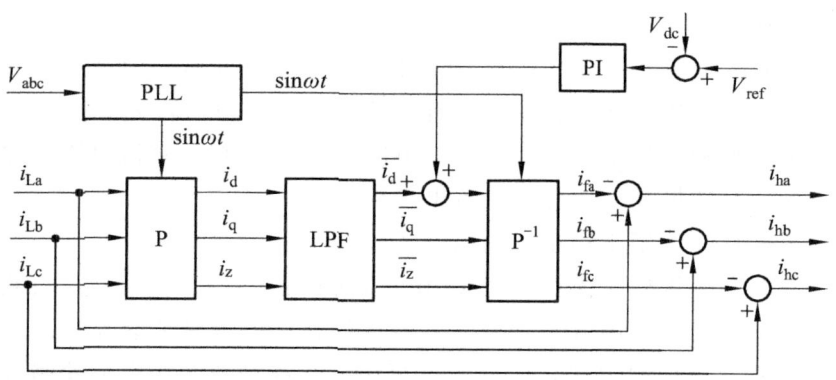

图 5-2　传统 $i_p - i_q$ 检测原理

二、无 PLL 无 LPF 的谐波检测算法

（一）对锁相环的改进

由于模拟锁相环电路容易受电网电压波动和频率偏移的影响，即使是三相软件锁相环，3/2 变换只能消除零序，谐波的影响虽然可以通过 PI 调节，但大大降低了锁相环的动态响应速度。因此，提出了一种基于广义积分器的正序基波提取法锁相，去掉了锁相环电路。即使在电网电压畸变或不平衡的情况下也能够快速准确地锁定电压相位。正序基波提取器的基本

原理是基于幅频积分信号的选频特性,在电网电压畸变或不对称的情况下,通过广义积分器分离出基波的正序分量,然后将其投影到 $\alpha\beta$ 坐标系下,计算得到单位参考信号 $\sin\omega t$、$\cos\omega t$,从而代替传统 $i_p - i_q$ 法中的锁相环部分。

假设正弦信 $e(t) = A\sin(\omega_1 t + \varphi)$,它的幅值积分函数为 $y(t) = A\sin(\omega_1 t + \varphi)t$,辅助信号为 $x(t) = A\cos(\omega_1 t + \varphi)$,对这三个信号进行拉普拉斯变换得:

$$E(s) = \frac{A\omega_1 \cos\varphi}{s^2 + \omega_1^2} + \frac{As\sin\varphi}{s^2 + \omega_1^2} \tag{5-1}$$

$$X(s) = \frac{A\omega_1 \cos\varphi}{s^2 + \omega_1^2} - \frac{As\sin\varphi}{s^2 + \omega_1^2} \tag{5-2}$$

$$Y(s) = \frac{s}{s^2 + \omega_1^2}\left(\frac{A\omega_1 \cos\varphi}{s^2 + \omega_1^2} + \frac{As\sin\varphi}{s^2 + \omega_1^2}\right) + \frac{\omega_1}{s^2 + \omega_1^2}\left(\frac{A\omega_1 \cos\varphi}{s^2 + \omega_1^2} - \frac{As\sin\varphi}{s^2 + \omega_1^2}\right) \tag{5-3}$$

由式(5-1)~式(5-3)可得:

$$Y(s) = \frac{s}{s^2 + \omega_1^2}E(s) + \frac{\omega_1}{s^2 + \omega_1^2}X(s) \tag{5-4}$$

在电网频率发生微小波动的情况下,设 $e(t)$ 信号出现频率偏差为 $\Delta\omega_1$,即

$$e'(t) = A\sin[(\omega_1 + \Delta\omega_1)t + \varphi] \tag{5-5}$$

相应的幅值积分信号和辅助信号分别为:

$$y'(t) = A\sin[(\omega_1 + \Delta\omega_1)t + \varphi]t \tag{5-6}$$

$$x'(t) = A\cos[(\omega_1 + \Delta\omega_1)t + \varphi] \tag{5-7}$$

将以上三式进行拉普拉斯变换,整理得

$$\begin{aligned} Y'(s) &= \frac{s}{s^2 + \omega_1^2}E'(s) + \frac{\omega_1}{s^2 + \omega_1^2}X'(s) \\ &= L\left\{A\sin\left[\left(\omega_1 + \frac{\Delta\omega_1}{2}\right)t + \varphi\right]\frac{\sin\frac{\Delta\omega_1}{2}}{\frac{\Delta\omega_1}{2}}t\right\} \end{aligned} \tag{5-8}$$

式中，$L(*)$ 表示信号*的 Laplace 变换。

当频率偏差 $\Delta\omega_1$ 足够小时，

$$\sin\frac{\Delta\omega_1}{2} \approx \frac{\Delta\omega_1}{2} \tag{5-9}$$

则

$$\begin{aligned}Y'(s) &= \frac{s}{s^2+\omega_1^2}E'(s) + \frac{\omega_1}{s^2+\omega_1^2}X'(s)\\ &\approx L\left\{A\sin\left[\left(\omega_1+\frac{\Delta\omega_1}{2}\right)t+\varphi\right]t\right\}\end{aligned} \tag{5-10}$$

当频率偏差 $\Delta\omega_1$ 较大时，

$$\frac{\sin\dfrac{\Delta\omega_1}{2}}{\dfrac{\Delta\omega_1}{2}} \approx 0 \tag{5-11}$$

则

$$Y'(s) = \frac{s}{s^2+\omega_1^2}E'(s) + \frac{\omega_1}{s^2+\omega_1^2}X'(s) \approx 0 \tag{5-12}$$

上述结果表明，当两路输入信号中除基波分量外还含有谐波时，通过式（5-8）运算可以得到基波的幅值积分信号，即式（5-8）具有选频特性，提取出基频为 ω_1 的信号，谐波信号被滤除。

在 $\alpha\beta$ 坐标系下，对正序系统而言，由于 α 轴滞后 β 轴90°，结合式（5-5）得到如图 5-3 所示的正序系统的实现图。对于正序信号，e_α 超前 e_β 90°，正序信号通过正序系统后，输出是其幅值的积分；对于负序信号，e_α 滞后 e_β 90°，负序信号通过正序系统后大大衰减，输出可以忽略，所以正序系统可以在很大程度上削弱负序电压分量，降低三相电压不平衡对相位锁定的影响。

根据图 5-3 可以得到正序基波提取器原理框图，如图 5-4 所示。

当电力系统的电压频率发生小范围波动时，其检测结果基本不受影响。图中 K 是比例系数，K 值影响正序基波提取器的反应速度，K 越大，速度越快；反之，速度越慢。根据上述分析，通过将提取出来的正序基波电压投影到 $\alpha\beta$ 坐标系下，计算得到单位参考信号 $\sin\omega t$、$\cos\omega t$，从而代替传统 i_p-i_q 法中的锁相环环节，计算方法如图 5-5 所示，该方法实现简单，对电网电压频率偏移不敏感，且能在电压不对称的情况下提取出正序电压分量，从而达到准确锁定相位的目的。

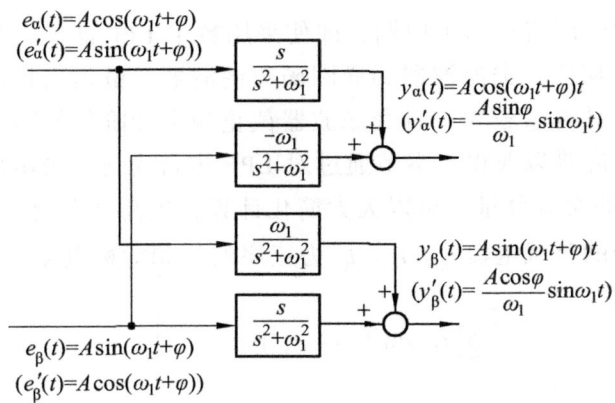

图 5-3　正序系统实现框图

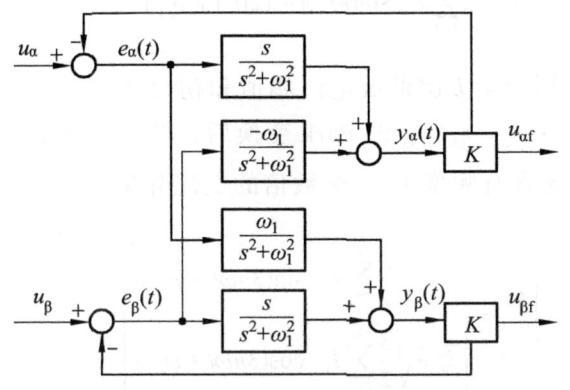

图 5-4　正序基波提取环节

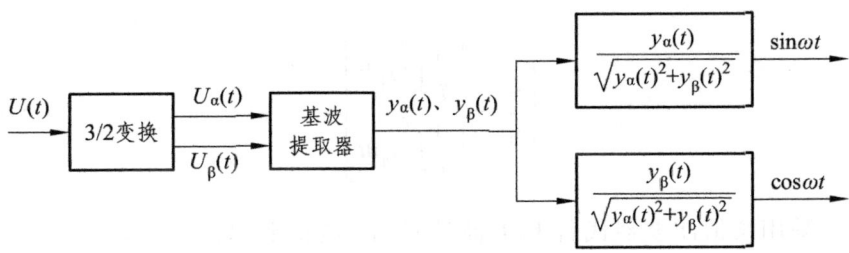

图 5-5　正序基波电压相角锁定环节

(二)对 LPF 的改进

传统的 $i_p - i_q$ 检测算法滤波环节需要用到 LPF,若使用模拟 LPF 动态响应较慢,过渡时间将近两个周期,即使采用数字 LPF 滤波,常用的有巴特沃斯滤波器、切比雪夫滤波器和椭圆函数滤波器,虽延迟相对较小,但数字实现复杂,计算量较大,且受滤波器截止频率和阶数的影响,使得稳态误差和动态响应难以兼得。本节通过对 LPF 进行简化,采用均值滤波器来滤除 i_d、i_q 中的交流分量,可以大大简化计算,提高动态响应速度。

假设畸变的负载电流 i_{La}、i_{Lb}、i_{Lc} 为正序的三相对称电流。则:

$$\begin{bmatrix} i_{La} \\ i_{Lb} \\ i_{Lc} \end{bmatrix} = \begin{bmatrix} \sum_{k=1}^{\infty} I_{k+} \sin(k\omega t + \varphi_{k+}) \\ \sum_{k=1}^{\infty} I_{k+} \sin[k(\omega t - 120°) + \varphi_{k+}] \\ \sum_{k=1}^{\infty} I_{k+} \sin[k(\omega t + 120°) + \varphi_{k+}] \end{bmatrix} \quad (5\text{-}13)$$

其中 I_{k+}、φ_{k+} 分别为第 k 次谐波电流幅值和初始相位。

三相负载电流 i_{La}、i_{Lb}、i_{Lc} 经 Park 变换后,得到的电流 i_d、i_q 除含有直流分量 $\overline{i_d}$、$\overline{i_q}$ 外,还含有频率为 $3f$ 整数倍的交流分量:

$$\begin{bmatrix} i_d \\ i_q \end{bmatrix} = \begin{bmatrix} \overline{i_d} + \sqrt{\dfrac{3}{2}} \sum_{k=1}^{\infty} I_{k+} \sin(3n\omega t + \varphi_{k+}) \\ \overline{i_q} + \sqrt{\dfrac{3}{2}} \sum_{k=1}^{\infty} I_{k+} \cos(3n\omega t + \varphi_{k+}) \end{bmatrix} \quad (5\text{-}14)$$

对 i_d、i_q 进行 1/3 个基波周期 T 积分,即可滤除交流分量,得到直流分量:

$$\begin{bmatrix} \overline{i_d} \\ \overline{i_q} \end{bmatrix} = \begin{bmatrix} \dfrac{3}{T} \int_0^{\frac{T}{3}} i_d \mathrm{d}t \\ \dfrac{3}{T} \int_0^{\frac{T}{3}} i_q \mathrm{d}t \end{bmatrix} \quad (5\text{-}15)$$

因此,采用均值滤波器代替 LPF 滤波只需 $T/3$ 的延迟。

当电路为不对称电路时,负载电流经 Park 坐标变换后,所得交流分量 i_d、i_q 的次数不具有规律性如式(5-16)所示:

$$\begin{bmatrix}\tilde{i}_d\\\tilde{i}_q\end{bmatrix}=\sqrt{\frac{3}{2}}\cdot\begin{bmatrix}I_{1-}\sin(2\omega t+\theta_{1-})+\\I_{1-}\cos(2\omega t+\theta_{1-})-\\\sum_{k=2}^{\infty}[I_{k+}\sin(k\omega t-\omega t+\theta_{k+})+I_{k-}\sin(k\omega t+\omega t+\theta_{k-})]\\\sum_{k=2}^{\infty}[I_{k+}\cos(k\omega t-\omega t+\theta_{k+})+I_{k-}\cos(k\omega t+\omega t+\theta_{k-})]\end{bmatrix}\quad(5-16)$$

若继续采用以 $T/3$ 为积分周期，则不能滤除所有交流分量。对上述方法进行改进，将积分周期改为各次交流分量的最小公倍数 T，就可完全消除交流分量，从而得到三相电路基波电流值，其原理框图如图 5-6 所示。

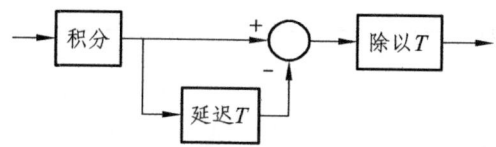

图 5-6　周期积分滤波环节

为了减小滤波器的计算量，本节采用均值滤波器替代积分环节来滤除交流分量，在一个工频周期采样 200 个点，从而可以大大提高滤波速率。改进后的无锁相环无低通滤波器的谐波检测原理如图 5-7 所示。

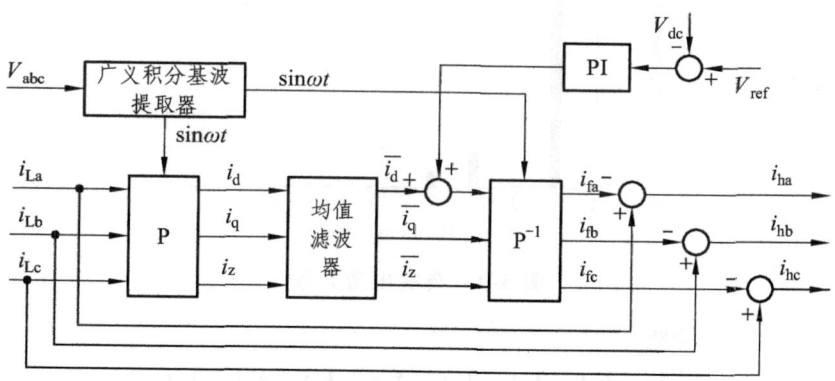

图 5-7　无 PLL 无 LPF 的谐波检测原理图

三、仿真研究

利用 Matlab/Simulink 对本节设计的无锁相环无低通滤波器的有源滤波

器进行仿真实验。仿真参数如下：电源相电压 $U = 220$ V，频率 $f = 50$ Hz，电源内阻 $R_s = 0.01$ Ω，电源电抗 $L_s = 0.001$ mH，线路电阻 $R_a = 0.2$ Ω，线路电抗 $L_a = 0.5$ mH，谐波源是三相二极管整流桥阻感性负载，电阻值 $R = 2$ Ω，电感值 $L = 1$ mH，有源滤波器的连接电抗 $L_c = 0.5$ mH，直流电容 $C = 3$ mF。

图 5-8 是没有接入 APF 装置时电源 A 相电流波形，也就是三相二极管整流桥产生的含有谐波的电流。因为谐波源是三相二极管整流负载，所以注入电网中的电流含有 5、7、11、13、17、19 等大量的 $6n \pm 1$ 次谐波。图 5-9 是畸变后的电网电流频谱直方图，根据频谱分析知道，负载电流畸变很严重，谐波畸变率 THD = 19.67%。图 5-10 是本文所采用的控制方法检测到的谐波电流波形。

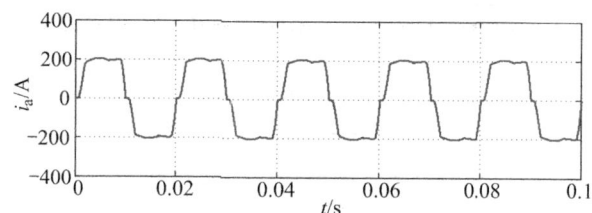

图 5-8　畸变的 A 相电网的电流

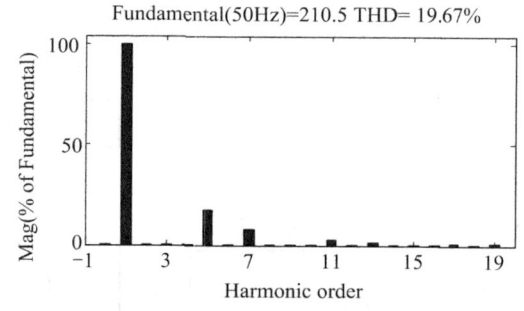

图 5-9　负载电流频谱

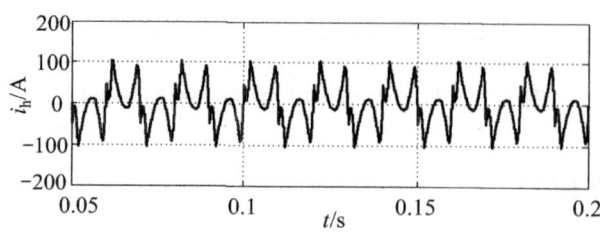

图 5-10　检测到的负载谐波波形

向电网投入本书所设计的 APF 装置后,经过谐波补偿后得到的电源电流波形如图 5-11 所示,得到的频谱直方图如图 5-12 所示,经频谱分析得知,电源电流谐波畸变率 THD = 2.46%。对比图 5-5、图 5-6 和图 5-8、图 5-9 可知,电网的谐波特性得到了明显改善。

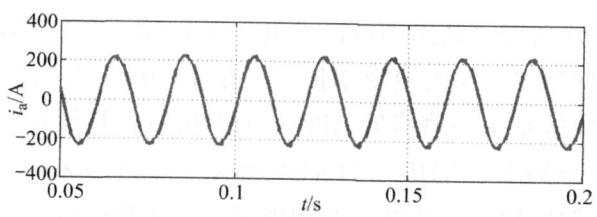

图 5-11 补偿后的 A 相电流

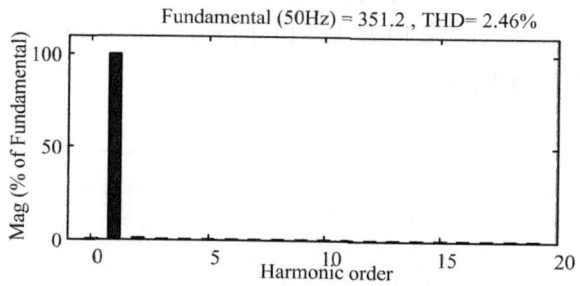

图 5-12 补偿后 A 相电流频谱分析

为了验证系统对负载突变的动态性能,设置负载在 $t = 0.1$ s 时并联一个 2 Ω 的电阻,经补偿后,A 相的电网电流和直流电容电压 U_{dc} 的波形如图 5-13 所示。从图中可以看出,在 $t = 0.1$ s 时刻负载突变后,装置在不到一个工频周期内补偿了谐波电流,同时直流电容电压经过短暂的调整时间回到了原来的平衡状态,装置动态性能较好。

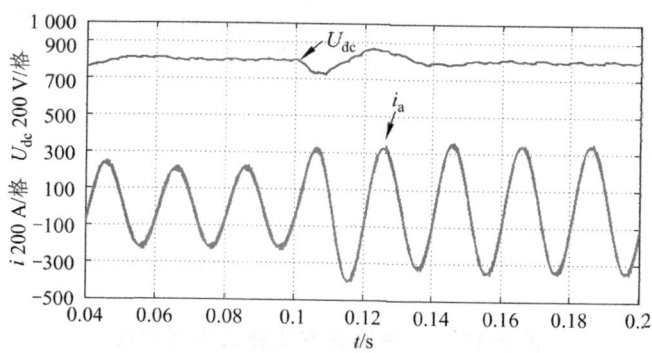

图 5-13 负载突变时系统的动态响应

为验证系统对负序电压和谐波电压干扰的影响，仿真在 $t=0.1$ s 前电源三相电压平衡，在 $t=0.1$ s 时刻电源电压突变，加入 66 V 的负序电压和 22 V 的 3 次谐波电压，电网三相电压波形如图 5-14 所示，传统 i_p-i_q 检测法和改进的无 PLL 无 LPF 的 i_p-i_q 检测法谐波补偿效果如图 5-15 所示，频谱对比分析如图 5-16 所示。从图中可以看出，在 $t=0.1$ s 前，两种方法都可以很好地抑制电网谐波，谐波畸变率很小。在 $t=0.1$ s 加入负序电压和谐波电压后，基于传统 i_p-i_q 检测法的 APF 对电网电流的补偿效果很差，A 相电流严重畸变，谐波畸变率 THD = 21.41%，而基于改进的无 PLL 无 LPF 的 i_p-i_q 法的 APF 补偿效果较好，电网的 A 相电流经过短暂的调整时间（不到一个工频周期）后谐波得到了较好的抑制，谐波畸变率 THD = 3.26%。对比结果分析显示，基于改进的无 PLL 无 LPF 的 i_p-i_q 法的 APF 系统对电网负序及谐波干扰的动态性能优越。

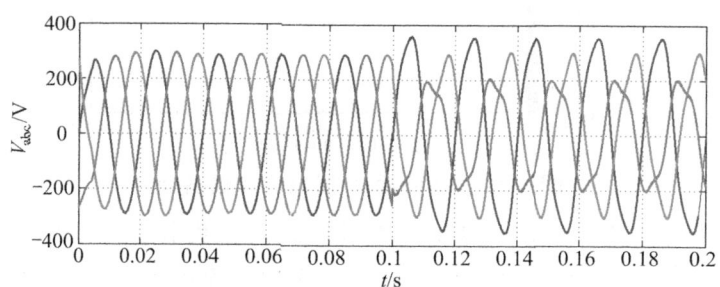

图 5-14　电网电压突变情况

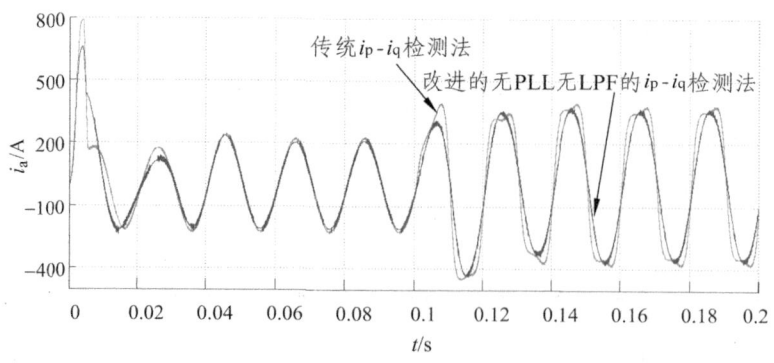

图 5-15　两种检测方法补偿电流对比

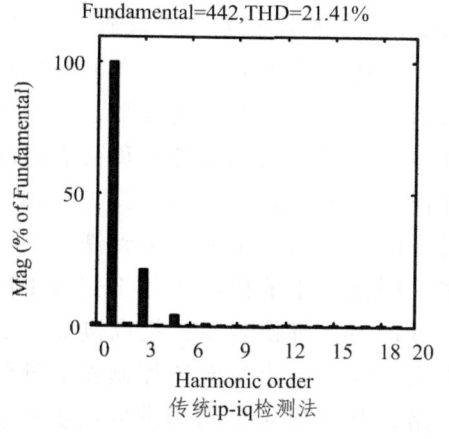 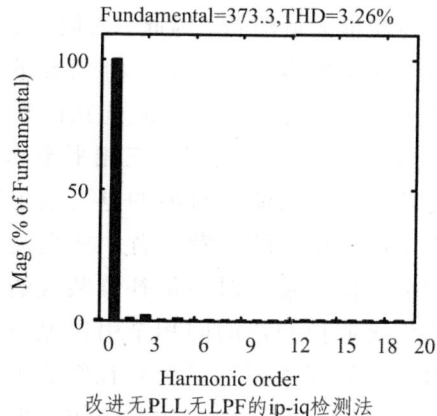

图 5-16　两种检测方法频谱图对比

本节首先介绍了有源滤波器的基本原理和传统的 i_p-i_q 谐波检测法,并在此基础上对 i_p-i_q 谐波检测法做了改进,提出了一种基于广义积分器的无 PLL 无 LPF 的 i_p-i_q 检测方法。该方法采用广义积分器提取正序基波来锁定电压相位,去掉了锁相环电路,克服了锁相环易受三相不平衡电压或频率偏移影响的问题,同时在对 i_d、i_q 分量进行滤波环节,采用均值滤波器代替 LPF,只对一个工频周期进行求和,加快了系统的动态响应速度。仿真实验结果表明,在三相电网电压不平衡和严重畸变的情况下,基于传统 i_p-i_q 检测法的 APF 补偿效果较差,本节改进的 APF 装置能够很好地检测出负载谐波电流,并能较好地抑制电网谐波,在负载突变的情况下,系统经过短暂的调整时间后补偿了谐波,动态性能较好。

第二节　基于潮流控制器的控制策略

在我国的电气化铁路中,采用的是单相工频牵引供电系统,这往往会对电力系统的三相电源侧带来一定的不利影响,常见的三相负载不平衡、无功和谐波干扰,再加上换相序连接,高速重载电力机车的运行将会受到限制。现有的解决方案在实际中往往不能很好地解决此类问题,而在国际范围内,基于同相供电系统来解决高速重载的牵引负荷对电力系统所产生的上述问题是一个比较理想的方向。目前有大量研究都是针对同相有源电力滤波器(APF)的牵引供电系统,但 APF 两桥臂电流的不平衡会让该装置的容量大量浪费，因此，人们对 APF 的结构以及控制方式进行研究改进，而不去增加容量，然而，补偿容量仍然难以达到理想的效果。本节所论述的用基于"背靠背"方式连接的变流器来组成同相牵引供电方案，有两个优点[95-94]：一是实现了三相平衡和同相供电，二是能动态补偿负荷需要的无功和谐波电流。目前的电力电子器件往往容量不大，并且与其工作频率成反比。单一的"背靠背"式变流器组成的系统的容量就达不到铁路中同相牵引供电系统对平衡补偿装置的需求。因此，本节提出了基于三电平四重化潮流控制器的同相牵引供电方案，可以增加补偿容量，提高潮流控制器件等效开关频率以提高补偿能力。本文研究了大容量潮流控制器的补偿装置结构，设计相应的潮流控制器主电路，制订出对于同相供电系统来说更理想的控制方案。

一、基于潮流控制器的实现方案

如图 5-17 所示，大容量平衡补偿装置由四重化的三电平电压源换流器组成，而每个三电平电压源换流器是由共用一个直流电源"背对背"连接的两个单相四象限电压源变流器组成的。直流耦合电容 C 起到在两个端口之间进行有功功率交换的作用。潮流控制器电力电子开关选择的是 3 300 V/1 200 A 等级的 IGBT。对于大容量平衡补偿装置的一个端口来说，该侧的有功、无功以及谐波功率这三部分构成了带负荷端输入的瞬时功率，无负荷端则只是由有功功率组成，从整体上去看，有功功率部分可以抵消。

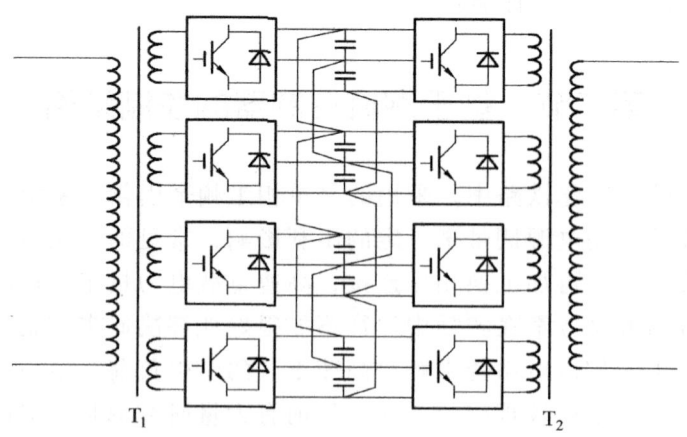

图 5-17　四重化 VSC 潮流控制器主电路结构图

二、平衡补偿原理

图 5-18 中 a、c 端对应斯科特接线的 M 座端口，b、d 端对应 T 座端口，负荷基波二分之一的有功电流、所有无功以及谐波电流均由带负荷相的变流器端口输出，二分之一的负荷基波有功电流由另外一个端口输入，对于变压器侧来说，它提供的是负荷全部的基波有功电流，传输的是有功功率，且变压器一次侧三相电流对称。对整个电力系统来说，单相负荷属于纯阻性的负荷且三相对称。

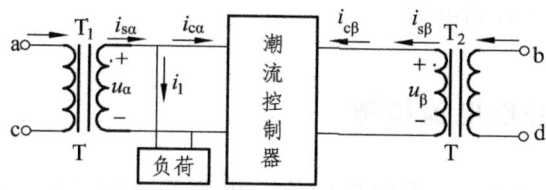

图 5-18 平衡补偿原理

平衡补偿的目的：让电源提供所有的有功功率，并且只提供有功功率。对于三相侧来说，无论怎样的负载特性，都只等同于一个纯阻性的对称负载。设负载电流为：

$$i_L(t) = i_{lpL}(t) + i_{lqL}(t) + i_{hL}(t) \quad (5\text{-}17)$$

$i_{lpL}(t)$ 是和牵引网的电压具有相同相位的瞬时基波有功电流分量，$i_{lqL}(t)$ 是和牵引网的电压有相同相位的瞬时基波无功电流分量，$i_{hL}(t)$ 为负载电流中包含的谐波部分。为了实现潮流控制器输出大小相等、相位相同的有功电流的目的，设端口电流期望值：

$$\left. \begin{array}{l} i_{s\alpha r}(t) = \sqrt{2} i_{sr} \sin \omega t \\ i_{s\beta r}(t) = \sqrt{2} i_{sr} \sin(\omega t - 90°) \end{array} \right\} \quad (5\text{-}18)$$

设潮流控制器端口电压：

$$\left. \begin{array}{l} u_\alpha(t) = \sqrt{2} U_1 \sin \omega t \\ u_\beta(t) = \sqrt{2} U_1 \sin(\omega t - 90°) \end{array} \right\} \quad (5\text{-}19)$$

电源需要输出的瞬时功率：

$$p_s(t) = u_\alpha(t)i_{s\alpha r}(t) + u_\beta(t)i_{s\beta r}(t) = 2U_1 I_{sr} \quad (5\text{-}20)$$

电源提供的能量在一个周期内，等于直流侧能量变化与负载所消耗的能量之和，因此：

$$I_{sr} = \frac{1}{2U_1} \frac{1}{T} \int_0^T u_\alpha(t) i_L(t) \mathrm{d}t + I_{dc} = \frac{I_{1p}}{2} + I_{dc} \quad (5\text{-}21)$$

由上式知，潮流控制器的一端口需输出一半的负载有功电流，而且还要进行负载的无功电流和谐波电流的补偿；另一端口则需输入对应于负载另一半有功功率的有功电流。

三、综合补偿电流检测

根据潮流控制器端口电流期望值，得到基于改进后的有功电流分离法实现的综合补偿电流检测[95-96]方法如图 5-19 所示。

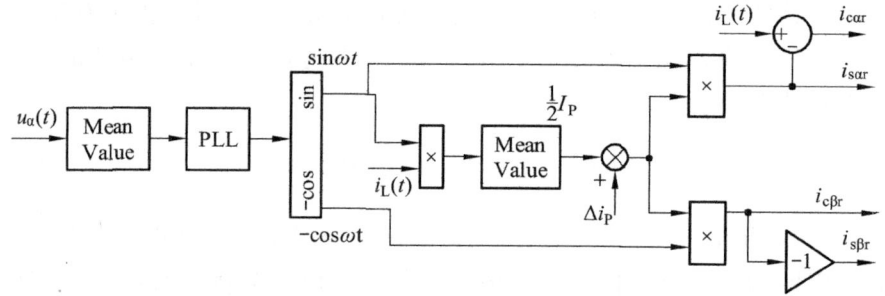

图 5-19　平衡补偿电流检测方法原理

图 5-19 中，$i_L(t)$ 为负载电流信号，$i_{c\alpha r}$、$i_{c\beta r}$ 为潮流控制器的补偿信号，Mean Value 为均值积分器，PLL 为锁相环。使用加法器、乘法器以及积分器，可以生成综合潮流控制器的指令电流，并且算法也是极其简单且容易操作的。

四、正弦波脉宽调制（SPWM）控制方法

SPWM 调制[97-100]将检测环节得到的实际值和得到的参考值进行比较，它们的差值与高频三角载波相比较，以实现调制。潮流控制器装置控制原理如图 5-20 所示。

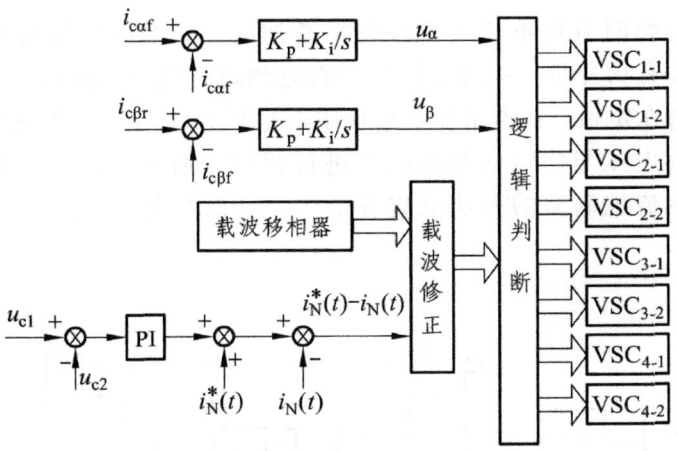

图 5-20 控制方法原理

采用 SPWM 调制的控制方法，控制输出补偿电流，先将潮流控制器的指令电流 $i_{c\alpha r}$、$i_{c\beta r}$ 与实际输入电流 $i_{c\alpha f}$、$i_{c\beta f}$ 的差值送入 PI 调节器，将调节所得结果作为变流器输出电压给定，这一电压给定值作为 SPWM 的调制波使用，三电平四重化潮流控制器的 VSC_{1-1}、VSC_{1-2}、VSC_{1-3}、VSC_{1-4} 四个单元载波依次移相 45°，左右侧各 VSC 单元具有相同载波。

加入潮流控制器后，牵引变压器两副边端口之间不仅存在有功功率的传递，同时无功和谐波也得以了补偿。在稳定且没有损耗的潮流控制系统中，一端收到的功率等于另一端所提供的功率，直流电压保持稳定，若功率不平衡，当负载产生变化，直流环节可以补偿两端口间的功率差，使得直流侧平均电压发生变化。

直流电压参考值 u_{dc}^* 与瞬时直流电压 u_{dc} 有如下关系：

$$\Delta i_p = \boxed{PI}(u_{dc} - u_{dc}^*) \tag{5-22}$$

控制策略如图 5-21 所示。

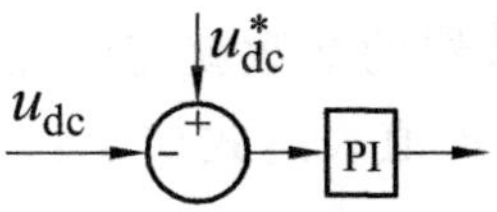

图 5-21 瞬时电压控制策略框图

将其与瞬时有功电流的直流分量叠加后，指令电流信号内就具有了一部分基波有功分量，从而交流侧与直流侧进行能量交换后，能够将直流侧电压维持在定值。在本节中，采用瞬时电压控制来控制直流侧电压[101]。将直流电容电压与规定的基准电压进行比较，所得的值送入比例积分器后，加到潮流控制器的有功电流分量中，从而控制直流电压。如图 5-22 所示。

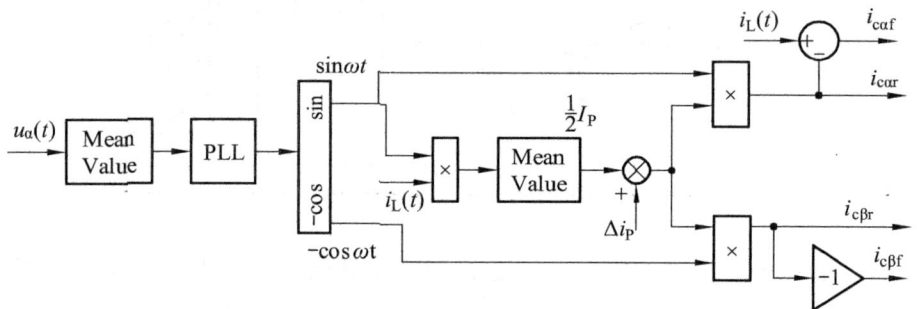

图 5-22　具有直流电压控制的指令电流生成策略图

在一个周期中，电流的流入与流出会造成直流侧的电容电压不相同，从而使得一个电容一直放电，另一个电容一直充电，两电容电压就出现了偏差，这样长时间积累就会导致电容电压严重失衡，使变流器不能正常运行，因此加入了电容电压的控制环节[101-103]。方法是在控制系统中加入电容电压补偿环节，让上下电容 u_{C1} 和 u_{C2} 的电压差成为 PI 调节器的输入，将 PI 调节器的输出引到电流控制环节，这样就使得中间电压得以平衡。如图 5-23 所示。

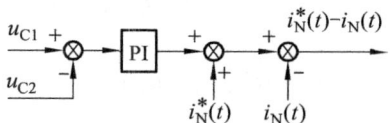

图 5-23　中点电位平衡环节

这样一来，变换 PI 调节器的参数就能够在一定范围内确保两个电容器之间的电压差，网侧电流给定值表达式如下：

$$i_N^*(t) = I_N \sin\omega t + K_{PI}(u_1 - u_2) + 1/T_{PI}\int(u_1 - u_2)dt \quad (5-34)$$

其中，K_{p1} 为电压平衡环节的比例系数，T_{p1} 为电压平衡环节的积分系数。

此方法矫正了调制波，同时也没有改变系统的载波频率，所以在控制上可以与控制两电容的充放电时间相等效，它并不会改变原有系统的开关频率，但能避免大量的复杂运算，也不用进行大量的冗余状态选择，因此具有很快的响应速度。

五、系统仿真

根据图5-18给出的潮流控制器补偿原理，在Matlab/Simulink模块下搭建基于三电平电压源变流器的同相供电综合潮流控制器模型。模型参数设置如下：三电平四重化潮流控制器的容量设计为10 MVA，需要的隔离变压器绕组数为5，绕组的额定电压分别U_{N1}=27.5 kV，U_{N2}=1 800 V，U_{N3}=1 800 V，U_{N4}=1 800 V，U_{N5}=1 800 V，绕组的短路百分比u_k%=15.2，绕组X/R=10，三角载波频率为1 000 Hz，四个VSC单元的三角载波相位依次相差45°，直流侧初始电压为3 300 V，直流侧分压电容初始电压值U_{C1}=1 550 V，U_{C2}=1 750 V，x端口电压相位为0，y端口电压相位为−90°。如图5-24、5-25所示。

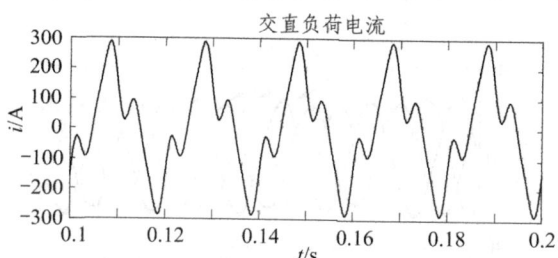

图 5-24　交-直负荷电流波形图

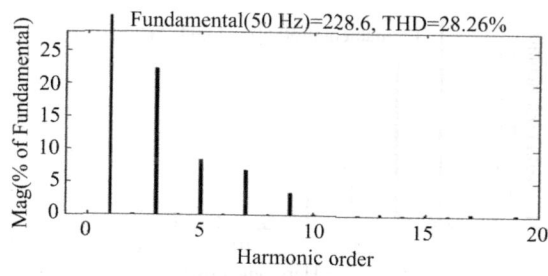

图 5-25　交-直负荷电流谐波图

从图 5-26 可以看出，在三电平四重化潮流控制器的补偿下，交-直型机车的平衡变压器次级侧两端口有大小相等的电流 i_{sx}、i_{sy}，其波形近似正弦，几乎没有谐波，牵引供电系统从变压器次级侧看属于两相对称纯阻性负载。从图 5-27 和图 5-28 可以看出，变压器初级侧三相电流波形的不对称度约等于 1%，i_a、i_b、i_c 大小相等，它们与之对应的相电压同相位，谐波以及无功含量很低。从图 5-29 可以看出，三电平四重化结构下潮流控制器的变流器输出 5 个电平的电压，输出谐波电压很低，电压波形接近正弦波。从图 5-30 可以看出，直流侧电压能稳定在 3 kV 左右，当电容电压不均衡时，潮流控制器能够控制其平衡。

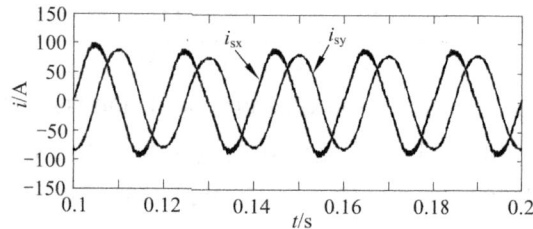

图 5-26 平衡变压器次级侧端口输出电流波形图

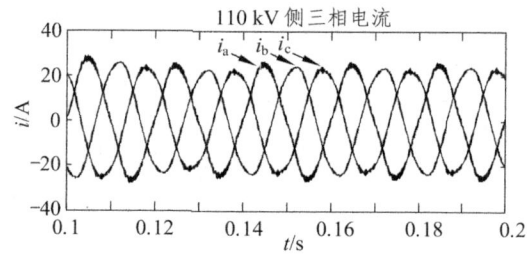

图 5-27 110 kV 侧三相电流波形图

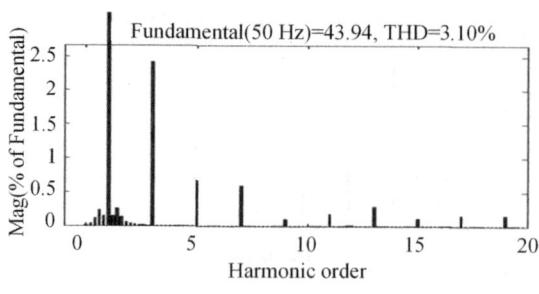

（a）i_a 谐波图

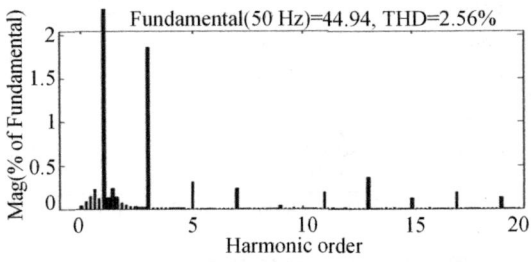

(b) i_b 谐波图

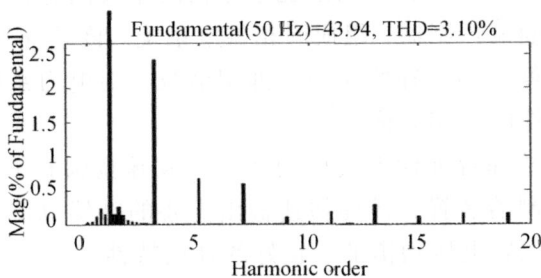

(c) i_c 谐波图

图 5-28 110 kV 侧三相电流分析图

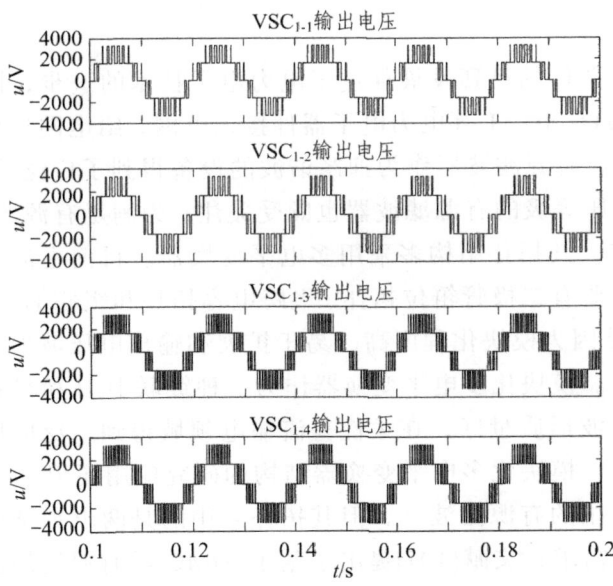

图 5-29 VSC$_1$ 单元输出电压波形图

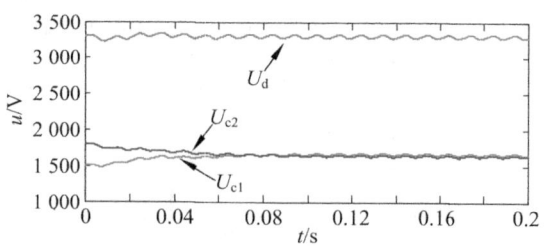

图 5-30 直流电压及电容电压波形

这里旨在解决目前牵引供电系统中存在的主要问题,结合斯科特型变压器与大容量的潮流控制器,组成同相供电系统。该系统不仅补偿容量大,而且能够实现平衡有功、补偿无功、抑制谐波,对电力系统而言,本系统相当于一个纯阻性的三相对称系统。

本节所采用的综合补偿电流检测和正弦波脉宽调制(SPWM)控制方法实现了潮流控制器装置,既能快速输出需要的补偿电流,又能维持直流电压稳定和分压电容电压均衡的、良好的补偿特性。

第三节 基于 MMC 的有源滤波器控制策略

电力电子器件的迅猛发展促进了电力电子技术的进步,同时由于大量的晶闸管、GTO、IGBT 等电力电子器件接入电网,给电网造成了严重的谐波污染[105-105],有源滤波器作为抑制谐波的设备得到了广泛的研究,同时,大容量、高电压等级的有源滤波器也颇受关注。为满足有源滤波器高电压、大容量的需求,其拓扑结构多采用多电平变换器。目前主流的多电平变流器拓扑结构主要有二极管箝位拓扑、飞跨电容拓扑和级联 H 桥拓扑。其中,级联 H 桥拓扑因为模块化程度高、易于扩展和输出电压波形好等优点得到了广泛的关注。模块化多电平变换器作为一种级联半 H 桥结构,其模块化程度高、输出波形质量好,在柔性直流输电领域得到广泛应用,但在有源滤波器领域中,模块化多电平变换器结构的研究应用还很少。文献[106]提出了基于无差拍的有源滤波器,但其拓扑采用的是两电平结构,不能满足高电压等级的需求;文献[107]提出了基于 MMC 的有源滤波器,但其控制方法采用分频谐波检测法,计算量大,控制较为复杂。

第五章 同相供电系统控制策略

一、模块化多电平变换器（MMC）

（一）MMC 拓扑结构

MMC 拓扑结构由德国学者在 2001 年首次提出，其结构如图 5-31 所示，MMC 变换器每相包括上、下两个桥臂，各个桥臂由 1 个桥臂电感和 n 个相同的功率子模块级联构成。图 5-32 是子模块（SM，Sub-Module）的结构，每个子模块是由两个 IGBT 和一个储能电容组成的半 H 桥结构。子模块可以输出两个电平，当 VT_1 导通、VT_2 关断时，SM 输出高电平；当 VT_1 关断、VT_2 导通时，SM 输出零电平；通过调整子模块的投入和切除的个数，可以改变桥臂的输出电压，从而得到期望的交流电压[108]。为保证直流母线电压的稳定，MMC 换流器每相处于投入状态的模块数必须相等且恒定不变。

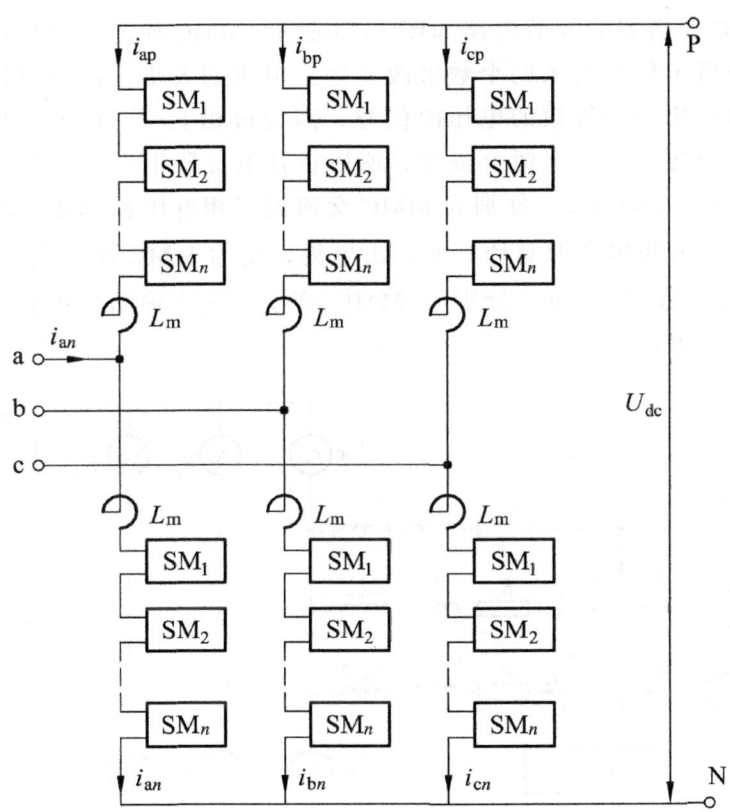

图 5-31 三相 MMC 换流器结构

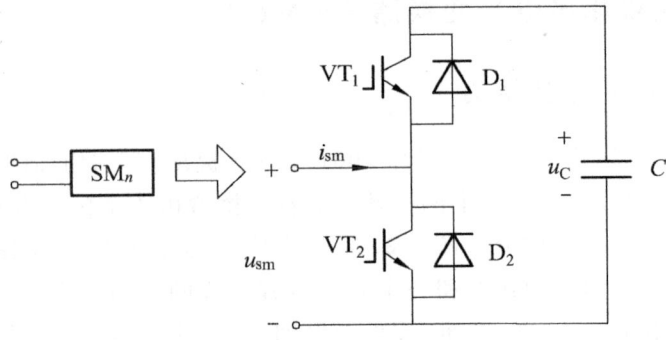

图 5-32 子模块结构

(二) MMC 数学模型

MMC 变换器的等效电路如图 5-33 所示,MMC 换流器通过调整每相上、下桥臂子模块投入的个数来改变输出电压的大小,所以可以把上、下桥臂电压用一个等效的电压源代替,因为每相上、下桥臂对称,交流电流平均分配到上、下两个桥臂,所以桥臂电抗器相当于并联。图 5-33 中,v_{sj}、i_{sj}(j = a,b,c)分别为 MMC 交流侧三相电压和三相电流。L_m 为桥臂电抗,主要用来抑制环流或冲击电流,L_s 为 MMC 连接电抗器,v_{cj}、v_{jk}(j = a,b,c; k = p,n)分别为 MMC 变换器交流输出电压和各桥臂的等效电压源电压。

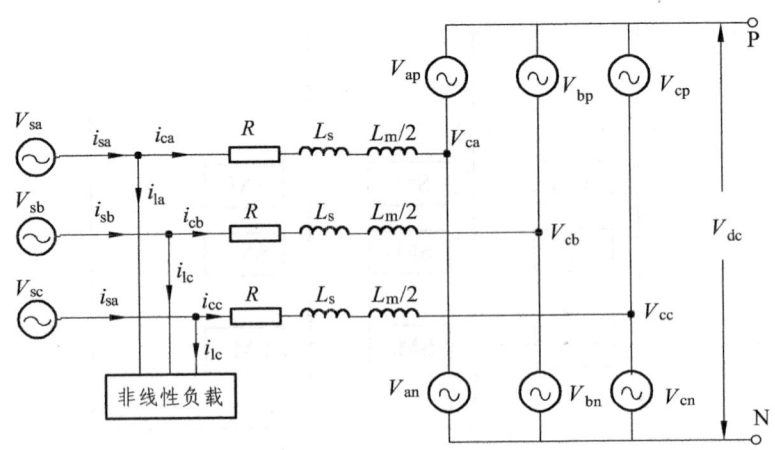

图 5-33 MMC 等效电路

由图 5-33 所示的等效电路，通过对每相桥臂应用基尔霍夫电压定律得到 MMC 变换器的数学模型。

$$v_{sj} - L\frac{di_{cj}}{dt} - Ri_{cj} = v_{cj} \quad (5\text{-}24)$$

式（5-24）中，$L = L_s + L_m/2$，根据上式的数学模型可以设计 MMC 系统的控制策略。

二、并联型有源滤波器控制

（一）i_p-i_q 谐波检测

i_p-i_q 电流检测法的原理如图 5-34 所示。畸变的负载电流 i_{la}、i_{lb}、i_{lc} 含有基波和各次谐波，负载电流经过 dq 同步旋转坐标变换得到 i_{ld}、i_{lq} 分量，含有直流分量和交流分量，有功电流 i_{ld} 和无功电流 i_{lq} 的直流分量对应负载三相电流的基波分量，其交流分量对应负载三相电流的谐波电流分量。i_{ld}、i_{lq} 分量由低通滤波器（LPF）滤除交流分量以后，剩余直流分量，该直流分量与基波相对应，电压外环采用 PI 控制器，使得直流侧电压 U_{dc} 能实时跟踪到给定的参考电压 U_{ref}。最后经过 Park 反变换后得到只包含正序基波的电流值 i_f，i_f 再与负载电流 i_l 做差得到谐波电流信号 i_h，该电流信号经过无差拍控制器计算出 MMC 变换器所需的指令电压值。

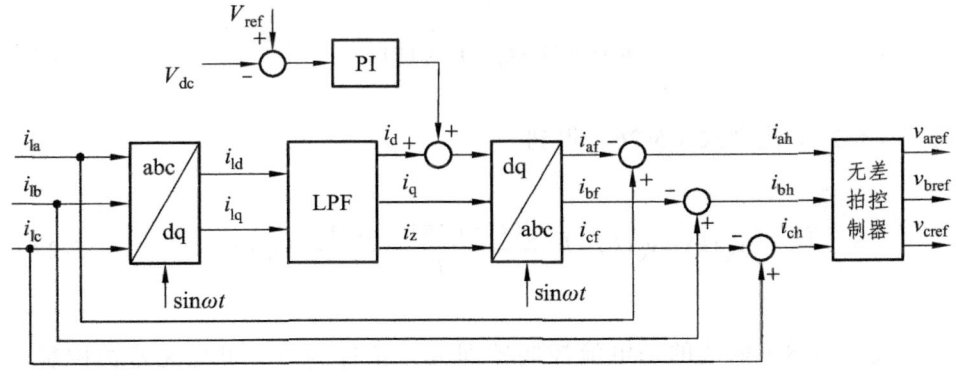

图 5-34 i_p-i_q 检测法

(二)无差拍电流控制器

无差拍控制也被称为最小拍控制,本质上是一种预测控制方法,通过离散化的数学模型,在一个控制周期内跟踪到参考值,算法原理简单,控制参数确定,动态响应速度快,非常适用于 MMC 系统的控制器设计。

本书已经对 MMC 进行了数学建模,根据式(5-24)得到谐波电流 $i_{hj}(t)$ 对应的输出电压:

$$v_{hj}(t) = v_{sj}(t) - L_j \frac{\mathrm{d}i_{hj}(t)}{\mathrm{d}t} - R_j i_{hj}(t) \quad (5\text{-}25)$$

式(5-25)中,$v_{sj}(t)$、L_j 分别为 j 相的电网电压值和连接电抗值。

假设换流器开关频率固定,开关周期为 T_s,则在开关周期 $[k, k+1]$ 内,对式(5-25)进行离散化:

$$v_{hj}(k) = v_{sj}(k) - L_j \frac{i_{hj}(k+1) - i_{hj}(k)}{T_s} - R_j i_{hj}(k) \quad (5\text{-}26)$$

式(5-26)中,$i_{hj}(k)$、$i_{hj}(k+1)$ 分别是第 k 个采样时刻和第 $k+1$ 个采样时刻的谐波电流。

由于数字控制系统的采样频率很高,下一个采样时刻的谐波电流值 $i_{hj}(k+1)$ 可以根据当前采样时刻的采样值来预测,由 KCL 得:

$$i_{hj}(k+1) = i_{sj}(k) - i_{lj}(k) \quad (5\text{-}27)$$

将式(5-27)代入式(5-26)得到

$$v_{hj}(k) = v_{sj}(k) - L_j \frac{i_{sj}(k) - i_{lj}(k) - i_{hj}(k)}{T_s} - R_j i_{hj}(k) \quad (5\text{-}28)$$

式(5-28)描述的是电流控制器即无差拍控制器,可见无差拍控制器算法简单,参数定义明确,只需一拍即可实现波形的跟踪,响应速度快。

（三）子模块电容均压控制

维持子模块电容电压平衡是 MMC 换流器正常工作的重要指标，子模块电容的不平衡会造成个别电容电压过大而损坏，而 MMC 子模块较多，因此维持各子模块电容电压的平衡显得非常重要。文献[109]提出了基于子模块电容的能量均分控制法，但这种方法采用了 PI 控制器，数量繁多并且参数整定困难。为此，本文采用基于子模块电容电压排序的方法来实现均压。其主要思想是通过给桥臂子模块电容电压排序，若桥臂电流为充电方向，优先投入电容电压低的子模块，使其充电，电压升高；若桥臂电流为放电方向，优先投入电容电压高的子模块，使其放电，电压降低，最终实现电容电压的平衡。

MMC 换流器的子模块均压控制策略如图 5-35 所示。

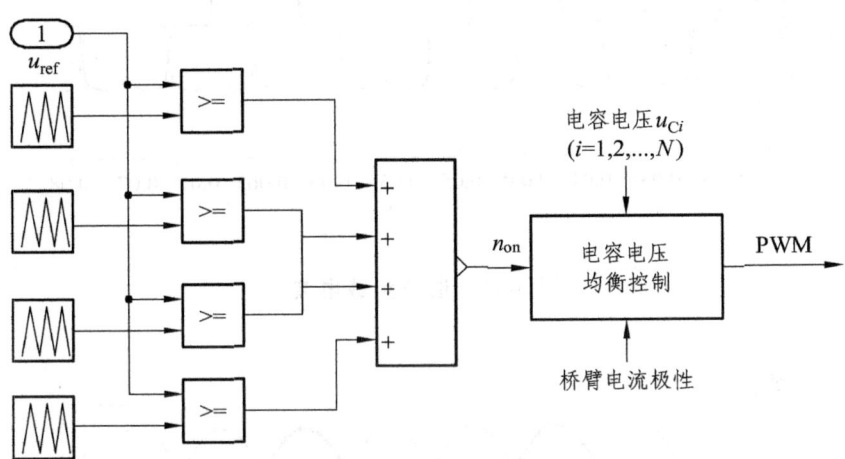

图 5-35　MMC 调制

三、仿真分析

为了验证本书所提出的基于 MMC 的有源滤波器无差拍控制算法的正确性和有效性，在 Matlab/Simulink 平台下搭建了基于 MMC 拓扑结构的五电平 APF 仿真模型，电网电压额定值为 3.5 kV，连接电抗器为 0.5 mH，桥臂电感为 3 mH，子模块电容值为 3 mF，直流侧电压为 9 kV，开关频率为 1 000 Hz，选取三相二极管整流桥阻感性负载作为谐波负载。

图 5-36 是未投入 APF 装置时，畸变的负载电流波形，投入 APF 装置后，电网电流波形得到改善，其波形如图 5-37 所示。图 5-38 是 APF 装置输出的补偿电流波形。经过 APF 装置补偿以后，电网电流波形基本正弦，波形质量得到明显改善，总谐波畸变率 THD = 2.97%，控制在允许值范围以内。

APF 输出的交流电压波形如图 5-39 所示，可以看出 MMC 输出波形为阶梯波，比较逼近正弦，但畸变较大，随着桥臂子模块个数的增多，MMC 输出的交流电压更加接近正弦。

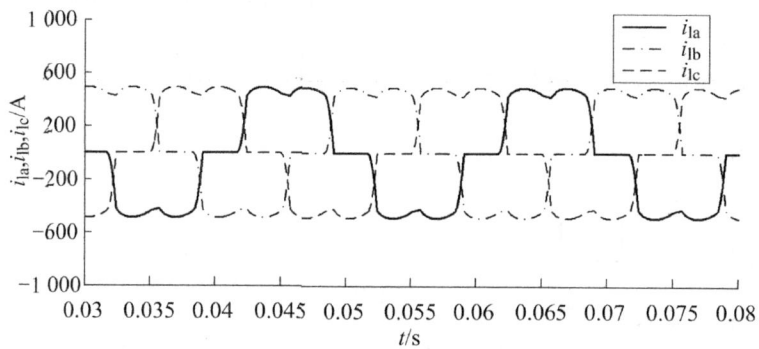

图 5-36 谐波负载电流

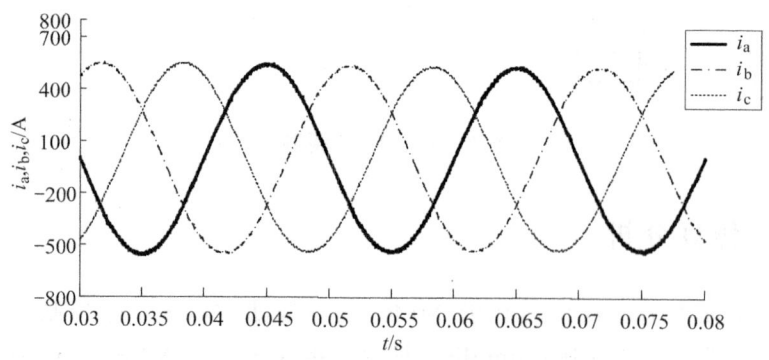

图 5-37 补偿后的电网电流

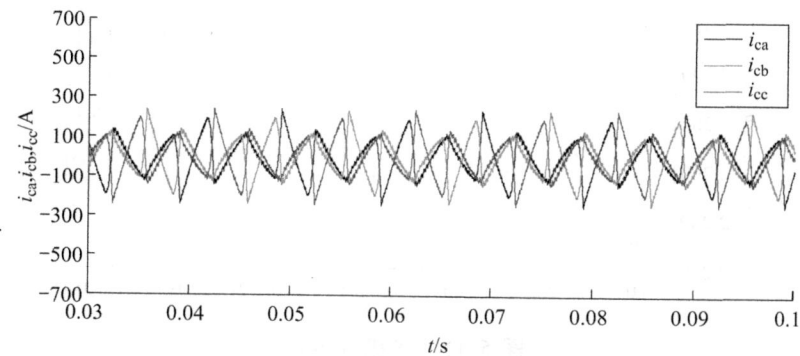

图 5-38　APF 输出的补偿电流

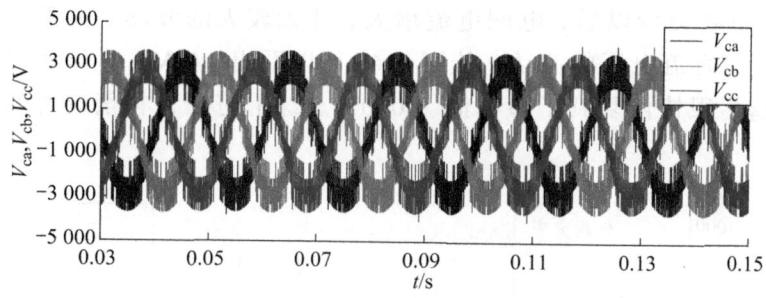

图 5-39　APF 输出电压

图 5-40、5-41 是 MMC 换流器直流侧控制效果图。图 5-40 可以看出直流侧电压基本稳定在 9 000 V，图 5-41 是 A 相上桥臂 4 个子模块的电压，从图中可以看出，各子模块电容电压得到了均衡且波动范围小，可见电容电压排序法均压效果较好。

为了验证 APF 的动态响应效果，仿真设置在 $t=0.1$ s 时，将三相整流桥负载的大小变为原来的一半。

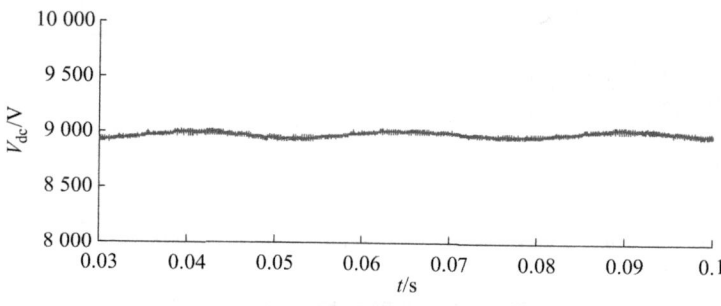

图 5-40　直流侧电压

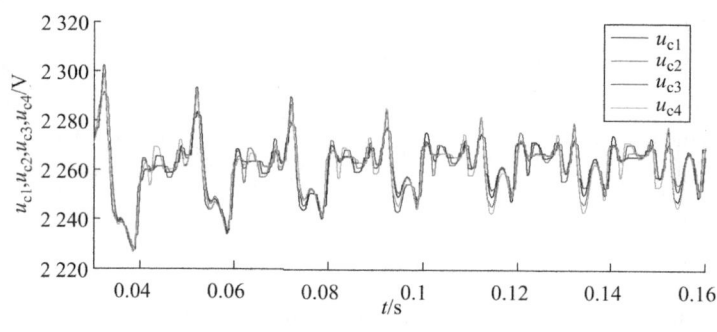

图 5-41 子模块电压

图 5-41、图 5-42 和图 5-43 是 APF 的动态响应。从图 5-42 可以看出，$t = 0.1$ s 负载突变以后，电网电流增大，并无较大的波动。由于负载的突变，造成了直流电压的波动，从图 5-44 可以看出，MMC 直流侧电压经过少许低落后很快恢复到了参考值 9 000 V。综上可见，补偿装置的动态特性较好。

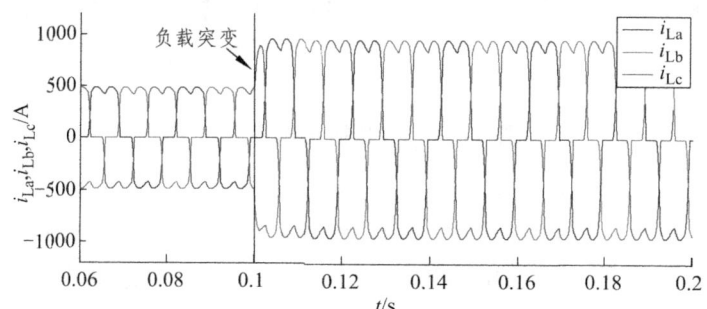

图 5-42 谐波负载电流

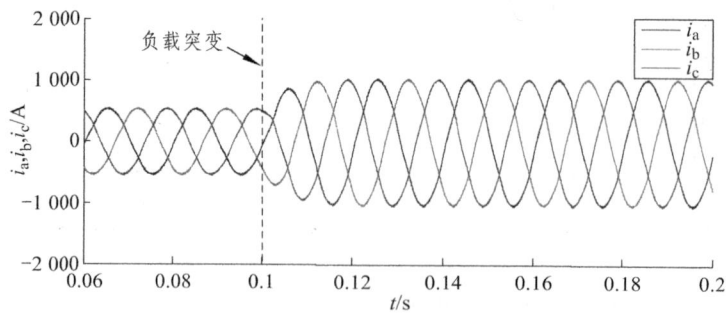

图 5-43 电网三相电流

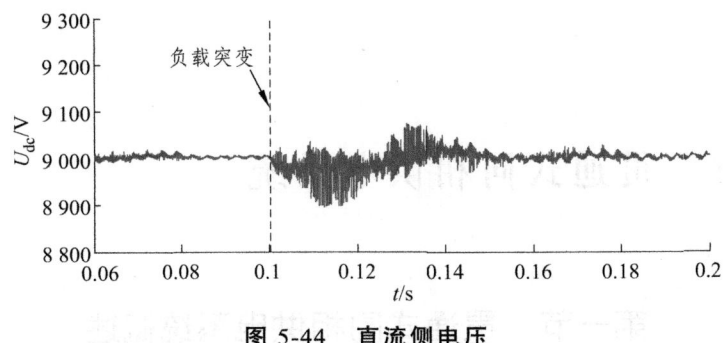

图 5-44 直流侧电压

第六章 贯通式同相供电系统

第一节 贯通式同相供电系统概述

同相供电系统相比于传统的牵引供电系统有着很多优点,能实现负序、无功和谐波的综合治理与补偿,但是分区所处的两侧虽为同相电压,正常运行时却不能贯通。1981 年,国外有学者提出了贯通式同相供电的设想,这很快引起了国内学者的注意。但受限于当时的电力电子技术及开关元器件功率低,贯通式同相供电并没有得到很好的发展。近年来随着大功率半导体器件容量的不断增加、价格不断下降以及大功率电力电子技术的蓬勃发展,贯通式同相供电系统吸引了越来越多学者的关注。

贯通式同相供电系统是在牵引变电所内进行的三相交流-直流-单相交流变换,利用直流环节的转换和隔离,形成了独立于供用电网的供电网络。这种系统在分区所只需要设置分段绝缘器,不需要设分相绝缘器。贯通式同相供电系统结构如图 6-1 所示。

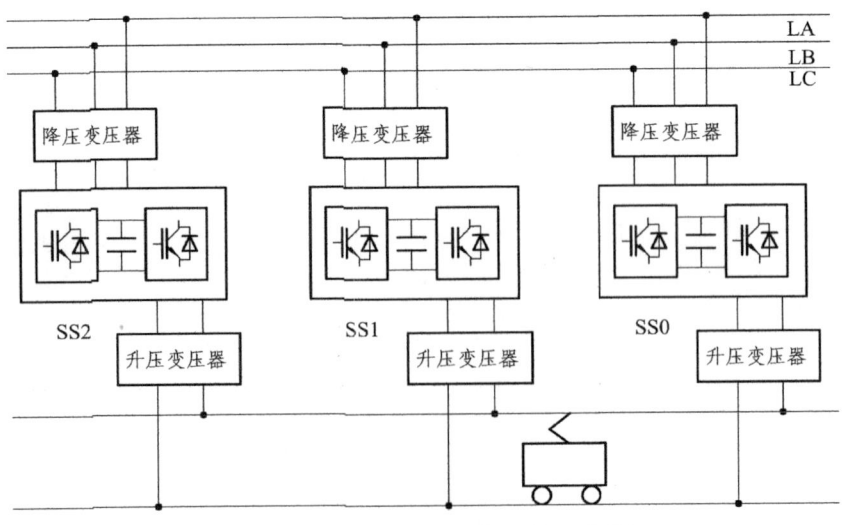

图 6-1 贯通式同相供电系统示意图

相比于同相供电系统，贯通式同相供电系统具有以下优点：

（1）由于整流器和逆变器均采用可控器件，因此各模块可以四象限模式工作，既可从三相电网吸收并向牵引网提供有功功率，也可从牵引网吸收并向三相电网回馈有功功率。另外，多电平单相逆变器也可以为牵引网提供无功和谐波补偿功能。

（2）由于变流器输出电压相位、频率和幅值完全可控，因此，可以根据供电臂的电压信息调整逆变器输出的电压相位、频率和幅值，使之满足并网要求，为相邻变电所牵引供电实现贯通供电提供可能。

贯通式同相供电系统由与三相电网接入的输入变压器、与之输出端相连的由级联一个以上三相单相结构的交直交变流器的电力电子变换装置所组成，级联的低电压等级的电力电子变换装置直接连接牵引网，输出机车等负载要求交流电压，邻近变电所的牵引网直接相连，形成贯通牵引供电网络。以上所述电力电子变换装置主要由三相整流电路、辅助直流稳压电路、单相逆变电路和输入输出连接电抗器组成。如图 6-2 所示。

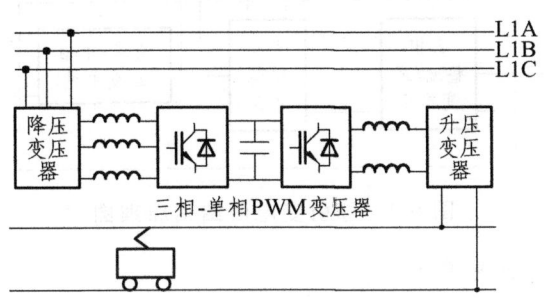

图 6-2　贯通式同相供电系统结构

整流器从三相交流侧吸收有功电流并变换为直流后，再通过单相逆变器输出单相交流电压，为牵引负载提供无功和有功电流。由于三相整流器和单相逆变器都可以运行在四象限内，因此，三相单相变流器能够同时平衡分配三相侧系统的有功电流，并同时控制输出侧电压频率、相位和幅值，彻底解决牵引供电系统对三相电网的电能质量和牵引网本身的电分相问题。

贯通式同相供电系统是高电压等级的大功率系统，为了得到足够的电压等级，除了采用大功率的开关半导体器件，必然要采用多电平技术以降低对单个半导体器件的要求。多电平技术是指多电平逆变器，通常包含一组功率半导体器件和电容器电压源，通过诸多开关切换，使电容器上诸个电压互相叠加，输出高电压，而功率半导体器件只需承受较低的电压。

第二节 贯通同相供电变电所拓扑结构

贯通同相供电是一种十分理想的牵引供电方式，在一条电气化铁路线上，接触线上没有电分相环节的存在，给机车供电的不同牵引变电所出口处接触线上的电压相位相同。贯通同相牵引变电所结构如图 6-3 所示。牵引变电所由变压器和贯通同相供电装置组成，其中虚线中为贯通同相供电装置，由三相可控整流单元、直流稳压储能单元和单相交流逆变单元三部分组成。

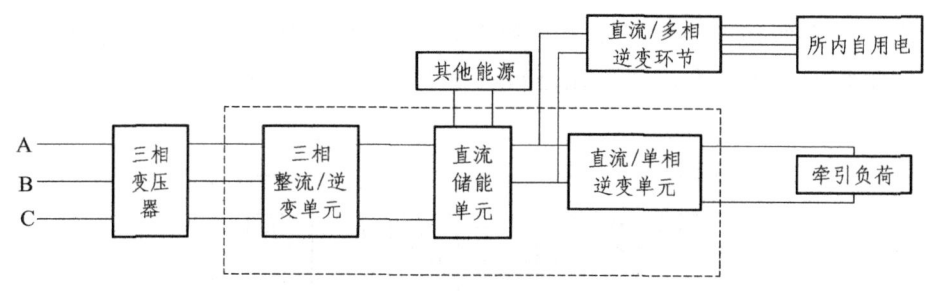

图 6-3 牵引变电所结构原理图

1. 三相可控整流单元

首先通过三相变压器降压，将 AC 220/110 kV 降为低压交流，然后由三相整流单元将三相交流电变成稳定的直流电。

2. 直流储能单元

不仅要储存系统向这部分释放的电能，还包括向负载端释放电能，起到消除多重谐波的作用，还可以连接其他新能源，实现铁路自己发电的功能，另外还可作为再生制动能量的储存装置，实现再生制动能量的储存。

3. 直流/单相逆变单元

将直流电变换成单相交流电，输送出的馈线电压额定值为 27.5 kV、频率为 50 Hz，接入接触网供电，实现同相牵引供电。另外，也可通过直流/

多相逆变环节将直流电变为所内的自用电,供其他设施使用。牵引变电所中,三相电网对称从电力系统取三相电,整流逆变成单相交流电供给电力机车负载。每个牵引变电所的结构、电压等级都相同,于是所有牵引变电所的单相交流电可以并网运行,这样的完全对称取电不会对电网造成污染,实现了同相供电。

第三节 贯通同相供电装置及工作原理

一、交直交贯通同相供电装置

贯通同相供电装置基本结构如图6-4所示,图中装置由三相可控整流单元、直流储能稳压单元和单相交流逆变单元组成。三相整流单元实现三相交流到直流的变换;直流储能稳压单元由大容量电容组成,能够保持直流侧电压的稳定,并且提供了直流能力储存功能;单相逆变单元为牵引网提供单相交流电能,逆变能量取自直流侧。贯通同相供电装置实现了三相有功功率到单相有功功率的传递。

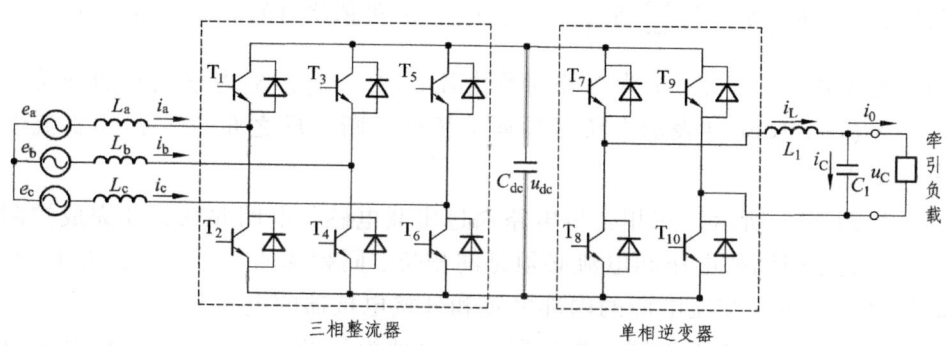

图6-4 贯通同相供电装置结构原理图

二、贯通同相供电装置工作原理

(一)三相整流单元工作原理

三相桥式整流电路如图6-5所示。

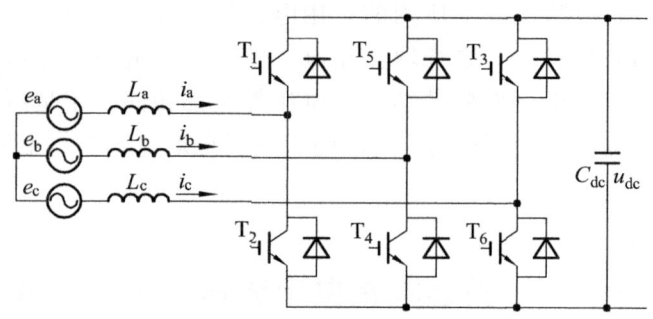

图 6-5 三相桥式整流电路示意图

三相整流电路的数学模型为：

$$\begin{bmatrix} L\dfrac{di_a}{dt} \\ L\dfrac{di_b}{dt} \\ L\dfrac{di_c}{dt} \end{bmatrix} = \begin{bmatrix} u_a \\ u_b \\ u_c \end{bmatrix} - R\begin{bmatrix} i_a \\ i_b \\ i_c \end{bmatrix} - \begin{bmatrix} u_{ra} \\ u_{rb} \\ u_{rc} \end{bmatrix} \quad (6-1)$$

其中，$u_{rj} = u_{dc}\left(S_N - \dfrac{1}{3}\sum\limits_{j=a,b,c} S_j\right)$，$u_{ra}$、$u_{rb}$、$u_{rc}$可依次计算；$u_a$、$u_b$、$u_c$为三相对称电压；$i_a$、$i_b$、$i_c$为三相对称电流；$S_a$、$S_b$、$S_c$为整流器的开关函数。$S_j(j=a,b,c)=1$表示上桥臂导通下桥臂关断，反之亦然。$u_{dc}$为直流电容两端电压。

如图 6-5 所示，三相全桥电路通过串联电感与电网并联，要完成控制目标，交流网侧的电压和电流必须是同相位、同频率的，功率因数为 1。交流侧电感 L 包含交流电源的内部电感和外接电抗器的电感。

以单相结构整流为例，整流器基本原理为：设交流母线电压的基波分量为 $\dot{U}_S$，整流桥输出电压的基波分量为 $\dot{U}_C$，换流电抗器为 X，$\dot{U}_C$ 滞后于 $\dot{U}_S$ 的角度为 δ，则整流器吸收的有功和无功功率分别为：

$$P = \dfrac{U_S U_C}{X}\sin\delta \quad (6-2)$$

$$Q = \dfrac{U_S(U_S - U_C\cos\delta)}{X} \quad (6-3)$$

由式（6-2）可知，有功功率的大小主要取决于 δ，当 $\delta<0$ 时，VSC 向外发出有功功率，相当于工作在逆变器状态；当 $\delta>0$ 时，VSC 吸收有功功率，相当于整流器运行状态。控制 δ 的大小就可以控制有功功率的大小及方向。

VSC 的控制采用正弦脉宽调制（SPWM）技术，其基本原理是：将三角载波与给定的正弦波（期望的整流桥每相输出电压波形）相比较来决定每个桥臂开关的开通与关断状态。当直流侧电压保持恒定时，VSC 每相输出交流电压的幅值取决于 SPWM 的调制度，VSC 每相输出电压的频率与相位取决于正弦给定信号的频率与相位。

要实现对有功功率和无功功率相互独立的调节，只需要控制 SPWM 给定正弦信号的相位和调制度。

（二）直流/单相逆变单元工作原理

单相逆变单元实现直流到单相交流的变换，要求交流侧输出电压达到额定 27.5 kV，目前电力电子器件难以达到这么高的电压等级，因此，常常需要在交流侧采取措施，比如采用升压变压器、采用多组低电压单元级联等。

单相全桥逆变器主电路拓扑如图 6-6 所示。

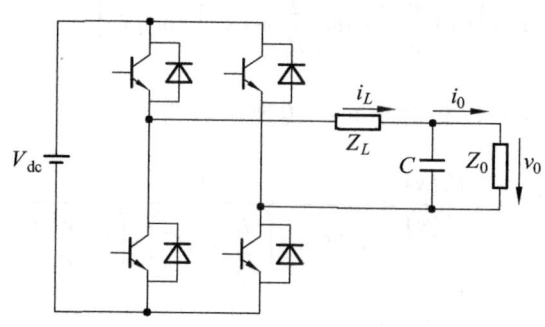

图 6-6　单相全桥逆变器主电路

如图 6-6 所示，单相全桥逆变器由单相全桥开关器件加上一组 LC 滤波器组成。直流侧电压为 V_{dc}，流过电感的电流为 i_L，电感电阻为 r_L，负载阻抗为 Z_0，负载侧电压为 v_0，负载输出电流为 i_0。为滤除逆变器输出电压 V_i 的高频部分，LC 滤波器截止频率通常要求设计成远远小于电路开关频率，这样 V_i 的平均值将等效为瞬时值，在分析中可以把 V_i 看成对 V_m 的功率放大，其关系可表达成[6]：

$$v_i(t) = K v_m(t) \quad (6\text{-}4)$$

图 6-7 给出了逆变器等效电路图。

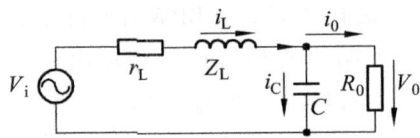

图 6-7 逆变器等效电路

对图 6-7 进行分析，得：

$$i_0 = \frac{v_0}{R_0} \quad (6\text{-}5)$$

$$i_C = j\omega C \cdot v_0 \quad (6\text{-}6)$$

$$v_0 = v_i - (r_L + j\omega L)i_C - (r_L + j\omega L)i_0 \quad (6\text{-}7)$$

综合上述三式可得：

$$v_i = \left[\left(1 + \frac{r_L}{R_0}\right) + j\omega \left(\frac{L}{R_0} + r_L C\right) - \omega^2 LC \right] v_0 \quad (6\text{-}8)$$

逆变器在频域下 V_0 相对于 V_i 的传递函数为：

$$G_i(s) = \frac{V_0(s)}{V_i(s)} = \frac{1}{s^2 LC + s\left(\dfrac{L}{R_0} + r_L C\right) + \left(1 + \dfrac{r_L}{R_0}\right)} \quad (6\text{-}9)$$

1. 单个变电所逆变控制

单个变电所在不联网的情况下是一个可控的电压源。单相逆变的控制有多种形式可选，常见的有单电压闭环、电压准双环、电压电流双环等，其中电压电流双环因其响应快、输出电压波形失真小的优点，目前在大功率逆变场合应用广泛。本节主要采用升压变压器结构和电压电流双环控制，如图 6-8 所示。

电压外环为比例积分控制，其中 K_{vp}、K_{vi} 分别为电压外环中比例调节系数和积分调节系数；而电流内环仅采用单比例控制来加快动态响应，其中电流环的比例调节系数为 K_C，$G_0(s)$ 是逆变器开环时的系统传递函数。

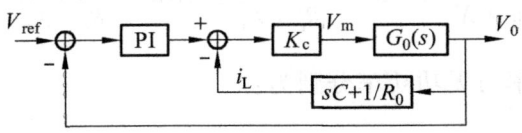

图 6-8 双环控制框图

2. 多个变电所并网控制

多个贯通变电所沿线分布时，相当于多个电压源换流器的并网控制，变电所之间可采取的控制策略有主从控制、无互连线下垂控制[6-7]、反下垂控制等。其中主从控制需要设定主变电所，并且变电所之间需要通信，难以完成各个变电所之间的协调控制；无互联线下垂控制是基于对等和即插即用原理，各个变电所之间地位均等、控制相互独立，特别适合贯通同相供电系统的控制。

逆变器的功率下垂控制特性，以两台逆变器并联为例，考虑到输出线路阻抗，建立如图 6-9 所示电路。逆变器等效输出电压分别为：$E_1 \angle \theta_1$、$E_2 \angle \theta_2$，等效输出阻抗分别为 $Z_1 = R_1 + jX_1$，$Z_2 = R_2 + jX_2$，输出电流分别为 i_{01}、i_{02}，负载阻抗为 Z_0，负载电流为 i_0，负载点电压为 $E_0 \angle 0°$。

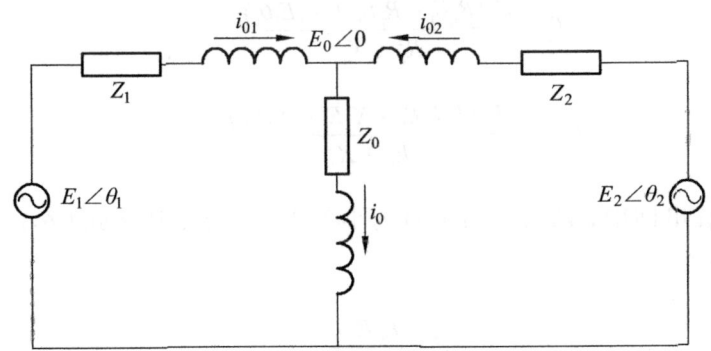

图 6-9 两逆变器并联输出等效模型

图 6-9 所示电路中，逆变器 1 输出电流为：

$$I_1 = \left(\frac{R_1}{R_1^2 + X_1^2} E_1 \cos\theta_1 - \frac{R_1}{R_1^2 + X_1^2} E_0 + \frac{X_1}{R_1^2 + X_1^2} E_1 \sin\theta_1 \right) + \\ j\left(\frac{R_1}{R_1^2 + X_1^2} E_1 \sin\theta_1 - \frac{X_1}{R_1^2 + X_1^2} E_0 \cos\theta_1 + \frac{X_1}{R_1^2 + X_1^2} E_0 \right) \quad (6\text{-}10)$$

输出有功功率与无功功率分别为：

$$P_1 = \frac{R_1}{R_1^2 + X_1^2} E_0 E_1 \cos\theta_1 - \frac{R_1}{R_1^2 + X_1^2} E_0^2 + \frac{X_1}{R_1^2 + X_1^2} E_0 E_1 \sin\theta_1 \quad (6\text{-}11)$$

$$Q_1 = -\frac{R_1}{R_1^2 + X_1^2} E_0 E_1 \sin\theta_1 + \frac{X_1}{R_1^2 + X_1^2} E_0 E_1 \cos\theta_1 - \frac{X_1}{R_1^2 + X_1^2} E_0^2 \quad (6\text{-}12)$$

逆变器在并网运行时，输出电压相角相对于负载端口处电压相角相差很小，近似为：

$$\left.\begin{array}{l} \sin\theta_1 = \theta_1 \\ \cos\theta_1 = 1 \end{array}\right\} \quad (6\text{-}13)$$

$$\left.\begin{array}{l} \sin\theta_2 = \theta_2 \\ \cos\theta_2 = 1 \end{array}\right\} \quad (6\text{-}14)$$

式（6-11）、（6-12）可简化为：

$$P_1 = \frac{E_0(R_1 E_1 - R_1 E_0 + X_1 E_1 \theta_1)}{R_1^2 + X_1^2} \quad (6\text{-}15)$$

$$Q_1 = -\frac{E_0(R_1 E_1 \theta_1 - X_1 E_1 + X_1 E_0)}{R_1^2 + X_1^2} \quad (6\text{-}16)$$

一般在电网中，认为线路电阻远小于线路电抗，那么式（6-11）、（6-12）可简化为：

$$P_1 = \frac{E_0 E_1 \theta_1}{X_1} \quad (6\text{-}17)$$

$$Q_1 = -\frac{E_0(-E_1 + E_0)}{X_1} \quad (6\text{-}18)$$

从式（6-17）、（6-18）可以看出，逆变器输出功率近似与阻抗成反比，与电压相角差或幅值差成正比。并联系统中第 i 台逆变器下垂特性表达式如式（6-19）所示：

$$\begin{cases} V_i = V_{0i} - m_i P_i \\ f_i = f_{0i} - n_i Q_i \end{cases} \qquad (6-19)$$

其中 m_i、n_i 分别为第 i 台逆变器的幅度、频率下垂系数。其控制框图如图 6-10 所示，其中，u_{ref} 为参考电压信号，u_0^* 为基准电压信号。

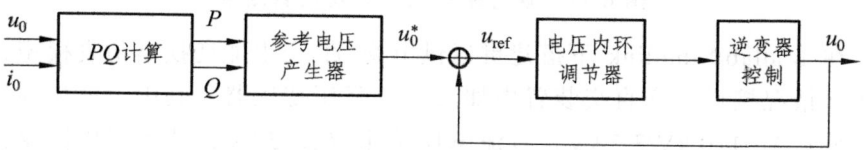

图 6-10　下垂控制框图

第四节　仿真验证

一、单个变电所仿真分析

在 Matlab/Simulink 仿真平台下搭建现行牵引供电系统仿真模型，三相牵引变压器变比为 110 kV/27.5 kV，负载功率机车功率选定为 4 MW，负载接在变压器次变 ac 端口。图 6-11 给出了仿真结果，从图中可以看出系统三相电流严重不对称，电流不平衡度为 1，系统存在负序分量。

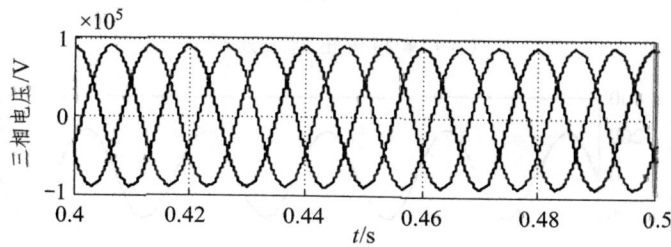

（a）三相交流侧电压波形

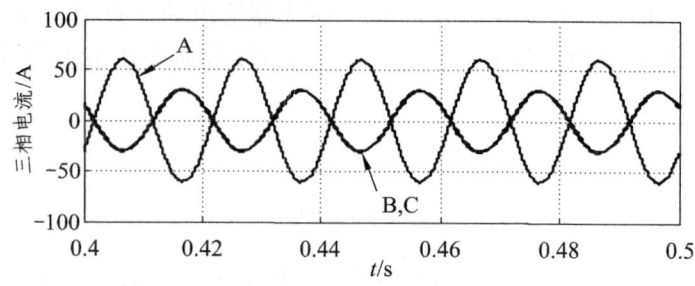

(b)三相交流侧输入电流波形

图 6-11　现行牵引供电系统仿真结果

在 Matlab/Simulink 下搭建贯通供电交-直-交电能变换器仿真模型，为和实际情况接近，交直交装置中加入升、降压变压器，其中，三相降压变压器变比为 110 kV/3.5 kV，直流电压给定 U_{dc}=5 kV，升压变压器变比为 3.5 kV/27.5 kV，负载功率机车功率选定为 4 MW，交直交装置的仿真模型参数为：三相输入母线电压 E_a = 3.5 kV；单相输出电压 U_c = 3.5 kV；输入电感 $L_a = L_b = L_c = 2$ mH；直流支撑电容 C_{dc} = 8 mF；输出电感 L_1 = 1 mH。

仿真结果如图 6-12 所示，可以看出，交直交供电装置能够较好地实现三相和单相供电系统的变换，输出电压、电流稳定，三相侧电流对称。

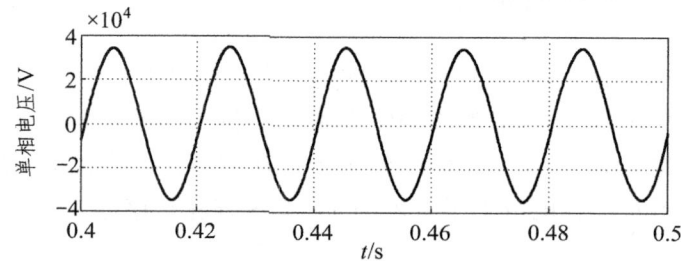

(a)单相输出电压波形

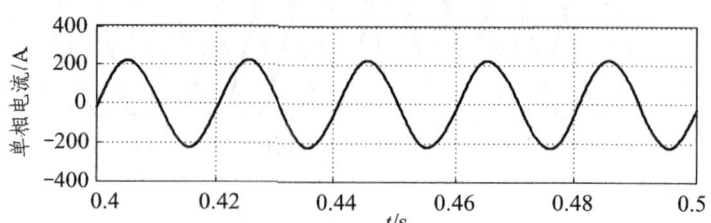

(b)单相输出电流波形

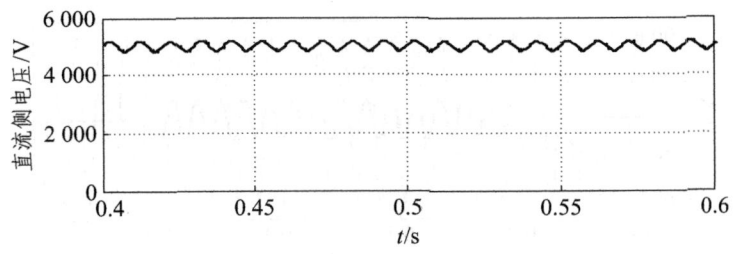

(c)直流侧电压波形

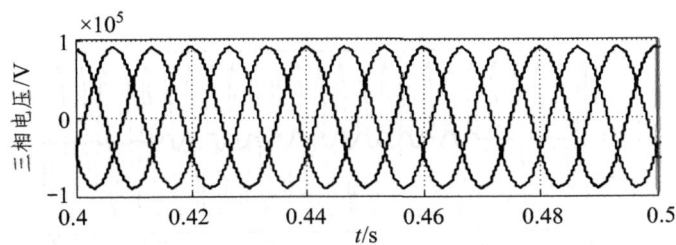

(d)三相交流侧电压波形

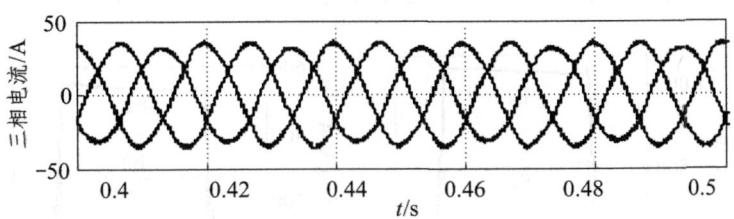

(e)三相交流侧输入电流波形

图 6-12　贯通式同相供电单所仿真结果

二、变电所互联仿真分析

为简化分析,仿真模型中忽略三相整流单元,搭建两个变电所逆变侧之间的互联功率分配情况,每个电压额定输出电压峰值为 100 V,线路阻抗 Z_1、Z_2 分别为 $0.05+j1.88\,\Omega$、$0.1+j3.76\,\Omega$。仿真结果如图 6-13 所示,从图中可以看出,逆变器 E1 的输出功率比逆变器 E2 的输出功率小一半,符合下垂控制功率分配理论。

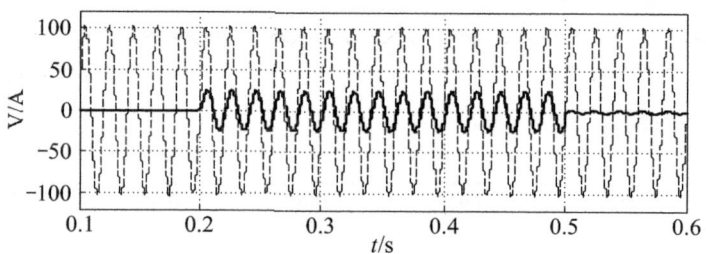

(a)逆变器 E1 输出电压（虚线）和电流（实线）波形

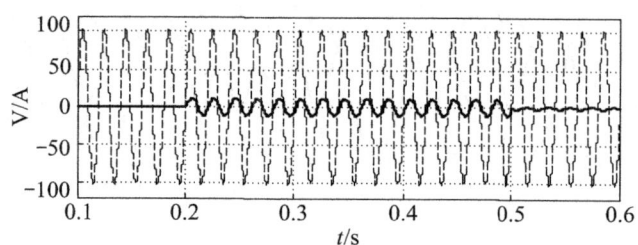

(b)逆变器 E2 输出电压（虚线）和电流（实线）波形

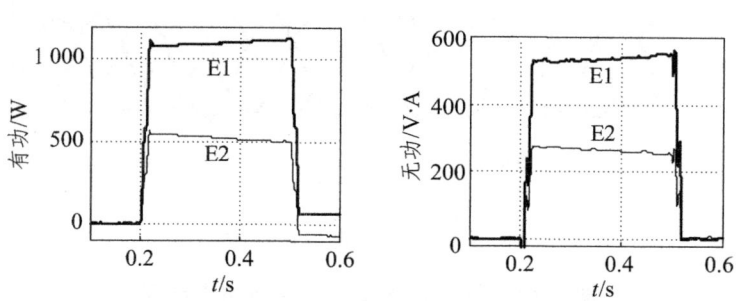

(c)逆变器 E1 和 E2 输出有功和无功功率

图 6-13　贯通式同相供电变电所互联仿真结果

目前影响系统实施的主要因素是经济性和可靠性，这可以从多方面加以解决：

（1）可靠性方面。

基于三相单相变流的同相供电系统的运行和维护，与电力系统高压直流输电、交-直-交型电力机车主电路类似，需要实时监测和定期进行检修，以增强系统可靠性。

（2）经济性方面。

① 大功率电力电子器件价格已经大幅下降，尤其是 IGBT 目前已实现国产化，未来大功率变流产品的应用会更加普及；② 贯通同相供电方案改善了牵引供电系统功率因数，消除了负序，实现了牵引供电系统和电力系统的良好耦合，减少因电能质量问题等情况造成的罚款。

参考文献

[1] 钱仲侯. 高速铁路概论[M]. 3版. 北京: 中国铁道出版社, 2009.

[2] 钱立新. 图解国外高速铁路[M]. 北京: 中国铁道出版社, 2010.

[3] 赵彦灵. 电气化铁路同相供电装置关键技术研究[D]. 成都: 西南交通大学, 2012.

[4] 陈小川. 铁路供电继电保护与自动化[M]. 北京: 中国铁道出版社, 2010.

[5] 刘玉洁, 盛彩飞, 林飞. 高速动车组网侧电流谐波特性的研究[J]. 电气传动, 2010, 40(1): 33-37.

[6] 刘淑萍. 高速铁路牵引供电系统继电保护研究[D]. 成都: 西南交通大学, 2015: 10-15.

[7] 李群湛. 牵引变电所供电分析及综合补偿技术[M]. 北京: 中国铁道出版社, 2006.

[8] 李群湛, 贺建闽. 牵引供电系统分析[M]. 成都: 西南交通大学出版社, 2006.

[9] GeorgeJ. Wakileh. 电力系统谐波基本原理、分析方法和滤波器设计[M]. 北京: 机械工业出版社, 2003.

[10] 国家质量技术监督局. 中华人民共和国国家标准化指导性技术文件, 电磁兼容限值中、高压电力系统中畸变负荷发射限值的评估[S]. 北京: 中国标准出版社, 2000.

[11] 王兆安, 杨军, 刘进军. 谐波抑制无功功率补偿[M]. 北京: 机械工业出版社, 2002

[12] 李群湛, 连级三, 高仕斌. 高速铁路电气化工程[M]. 成都: 西南交通

大学出版社, 2006.

[13] 曾刚. 电气化铁路负序与谐波的综合补偿研究[D]. 长沙: 湖南大学, 2012.

[14] Miao J. On Negative Sequence Current of Electrified Railway Power Supply System[J]. Guide of Science & Education, 2013, 4(5): 11-14.

[15] 夏焰坤, 李群湛, 解绍锋, 等. 高速和重载电气化铁路 V 型接线牵引变压器负序补偿研究[J]. 电力自动化设备, 2014, 34(2): 73-78.

[16] Yao J X, Zhang T, Lin R, etal. Impacts of Negative Sequence Current and Harmonics in Traction Power Supply System for Electrified Railway on Power System and Compensation Measures[J]. Power System Technology, 2008, 4(21): 121-126.

[17] 张靖宇. 电气化铁路牵引供电系统轮流换相及其效果研究[D]. 成都: 西南交通大学, 2012.

[18] 刘婷婷. 基于直流背靠背输电技术的同相牵引供电系统研究[D]. 大连: 大连交通大学, 2013.

[19] 郭育华, 连级三, 张昆仑. 自动过分相对电力机车的影响[J]. 机车电传动, 2000, 2000(2): 13-15.

[20] 刘全景. 电气化铁路同相供电系统研究[D]. 徐州: 徐州矿业大学, 2017.

[21] 尚国旭. 新建高速铁路同相供电方案研究[D]. 成都: 西南交通大学, 2012.

[22] Wang D, Yang C, Zhang X, et al. Research on application of TCR+FC typed SVC in power quality integrated management for power traction system[J]. Iet Digital Library, 2012: 1-5.

[23] Jianzong M, Mingli W, Shaobing Y. The application of SVC for the power quality control of electric railways[C]. International Conference on Sustainable Power Generation and Supply, 2009. Supergen. IEEE Xplore, 2009: 1-4.

[24] 王果, 周末, 常文襄. 适用于高速铁路的三相四开关型滤波器的电流重复控制设计[J]. 电力自动化设备, 2016, 36(2): 71-77.

[25] 李群湛, 贺建闽. 电气化铁路的同相供电系统与对称补偿技术[J]. 电力系统自动化, 1996(4): 9-11.

[26] 曾国宏, 郝荣泰. 采用有源滤波器实现平衡变换的供电系统研究[J]. 铁道学报, 2003, 25(1): 48-53.

[27] 曾国宏, 郝荣泰. 基于有源滤波器和阻抗匹配平衡变压器的同相牵引供电系统[J]. 铁道学报, 2003, 25(3): 49-54.

[28] 张秀峰, 连级三. 基于斯科特变压器的新型同相 AT 牵引供电系统[J]. 机车电传动, 2006(4): 14-18.

[29] 张秀峰, 李群湛, 吕晓琴. 基于有源滤波器的 V, v 接同相供电系统[J]. 中国铁道科学, 2006, 27(2): 98-103.

[30] 赵元哲, 朱鹏, 李群湛. 基于 YNvd 平衡变压器和模拟负载的同相供电试验系统[J]. 电力系统保护与控制, 2016(4): 143-148.

[31] 常文襄, 王果. 组合式同相供电系统容量配置优化及分析[J]. 电力系统保护与控制, 2016, 44(23): 94-101.

[32] 王卓. 牵引变电所同相补偿装置运行与备用方式分析[D]. 成都: 西南交通大学, 2016.

[33] 蔡雨昌, 解绍锋, 谭磊, 等. 单-三相组合式同相供电牵引变电所可靠性评估[J]. 电气化铁道, 2016(2): 10-14.

[34] 赵芬. IGBT 模型仿真研究[D]. 合肥: 合肥工业大学, 2010.

[35] 周志敏, 周纪海, 纪爱华. IGBT 和 IPM 及其应用电路[M]. 合肥: 合肥工业大学, 2010.

[36] 周志敏. IGBT 驱动与保护电路设计及应用电路实例[M]. 北京: 机械工业出版社, 2011, 16-38.

[37] 任义龙. 基于 STATCOM 的 IGBT 驱动保护电路的研究[D]. 西安: 西安电子科技大学 2013, 5-10.

[38] 张博敏. 大功率 IGBT 驱动模块的设计与研究[D]. 成都: 电子科技大

学, 2015.

[39] Licitra C, Musumeci S, Raciti A, et al. A new driving circuit for IGBT devices[J]. IEEE Transactions on Power Electronics, 1995, 10(3): 373 - 378.

[40] 贺长龙. 大功率IGBT通用驱动器设计[D]. 哈尔滨: 哈尔滨工业大学, 2015.

[41] 周志敏, 周纪海, 纪爱华. IGBT和IPM及其应用电路[M]. 北京: 人民邮电出版社, 2006.

[42] 周明磊, 游小杰, 王琛琛. 低开关频率下PWM调制方法研究[J]. 北京交通大学学报, 2010, 34(5): 53-57.

[43] 冯晓云. 电力牵引交流传动及其控制系统[M]. 北京: 高等教育出版社, 2009.

[44] 伍小杰, 符晓, 赵冰洁, 等. 基于FPGA的特定谐波消除法数字实现[J]. 电力自动化设备, 2012, 32(2): 67-70.

[45] 娄慧波, 毛承雄, 陆继明, 等. 基于微粒群算法的三电平正弦脉冲宽度调制开关时刻优化[J]. 中国电机工程学报, 2007, 27(33): 108-112.

[46] BOWERS S R, HOLLIDAY D. Optimal Regular-Sampled PWM Inverter Control Techniques[J]. IEEE Transactions on Industrial Electronics, 2007, 54(3): 1547-1559.

[47] ELTAMALY A M. A Modified Harmonics Reduction Technique for a Three-Phase Controlled Converter[J]. IEEE Transactions on Industrial Electronics. 2008, 55(3): 1190-1197.

[48] 黄瀚, 纪延超, 张辉, 等. 优化特定消谐PWM技术[J]. 中国电机工程学报, 1997, 17(5): 344-347.

[49] KENNEDY J, EBERHART R. Particle swarm optimization[C]. Proceedings of IEEE Conference on Neural Networks, Perth, Australia, 1995.

[50] N. Mohan, T. M. Undeland, W. P. Robbins. Power Electronics: Converters

Application and Design. New York: Wiley, 2003.

[51] 吴茂刚, 赵荣祥, 汤新舟. 正弦和空间矢量 PWM 逆变器死区效应分析与补偿[J]. 中国电机工程学报, 2006, 26(12): 101-105.

[52] Wei Qian, Fang Zhengpeng, Honnyong Cha. Trans-Z-source inverters[C]. Proceedings of Power Electronics Conference, 2010, 1874-1881.

[53] N. Mohan, T. M. Undeland, and W. P. Robbins, Power Electronics: Converters, Application and Design. New York: Wiley, 2003.

[54] Miao Zhu, KunYu, Fang Lin Luo, IEEE transactions on power electronics: Switched Inductor Z-Source Inverter[J], 2010, 25(8), 2150-2158.

[55] 石季英, 刘文安, 李春玲. 扩展升压 Z 源逆变器及其控制策略的研究[J], 电气传动, 2012, 42(8): 29-33

[56] ChandanaJayampathiGajanayake, Fang Lin Luo, HoayBengGooi, Ping Lam So, Lip Kian Siow. Extended-Boost Z-Source Inverters[J]. IEEE Transactions on Power- electronics, 2010, 25(10): 2643-2645

[57] LiD, Loh PC, ZhuM, et a1. Cascaded switched Inductor and tapped-inductor Z-source inverters[C] IEEE Applied Power Electronics Conference. 2011: 1661-1666.

[58] 周玉斐, 黄文新, 赵健伍. 赵萍, 抽头电感准 Z 源逆变器[J]. 中国电机工程学报, 2012, 32(27): 126-134.

[59] Se-Jin Kim, Young-Cheol Lim, Switched Trans Z-source inverter using two isolated two-winding transformers[C]. Proceedings of Power Electronics Conference, 2014: 677-681.

[60] 张瑾, 齐铂金, 张少如. z 源三电平中点钳位逆变器的空间矢量调制方法[J]. 电工技术学报, 2010, 25(9): 109-110

[61] Quoc-Nam Trinh, Hong-Hee Lee, Tae-Won Chun. A New Z-Source Inverter Topology to Improve Voltage Boost Ability[C]. 8th International Conference on Power Electronics - May, 2011: 1981-1986.

[62] MiaosenShen, Jin Wang, Alan Joseph, Fang Z. Peng. Maximum Constant Boost Control of the Z-Source Inverter[C]. IEEE IAS, 2004: 143-144.

[63] 许颇. 基于 Z 源型逆变器的光伏并网发电系统的研究[D]. 合肥：合肥工业大学, 2006, 10-11.

[64] 汤雨, 谢少军, 张超华. 改进型 Z 源逆变器[J]. 中国电机工程学报, 2009(30): 28-34.

[65] ChandanaJayampathiGajanayake, Fang Lin Luo, HoayBengGooi, Ping Lam So, Lip Kian Siow. Extended-Boost Z-Source Inverters[J]. IEEE Transactions on Power- electronics, 2010, 25(10): 2643-2645

[66] 张超华, 汤雨, 谢少军. 改进 Z 源逆变器的三次谐波注入控制策略[J]. 电工技术学报, 2009, 24(11): 116-117.

[67] 胡建业. Z 源逆变器光伏并网系统杂散电感的影响[J]. 电气传动. 2014(02): 83-87.

[68] 李群湛, 张进思, 贺威俊. 适于重载电力牵引的新型供电系统的研究[J]. 铁道学报, 1988(4): 25-33.

[69] 李群湛, 连级三, 高仕斌. 高速铁路电气化工程[M]. 成都：西南交通大学出版社, 2006: 155-166.

[70] He X, Wang X, Shu Z, et al. Multiple AC-DC-AC substations traction power supply system simulation [C]. 2012 IET. International Conference on Information Science and Control Engineering, Shenzhen, China, 2012, 1: 294-297.

[71] 何晓琼, 周巧英, 彭旭, 等. 基于 H 相－单相变换器的牵引供电系统及并网控制[J]. 铁道科学与工程学报, 2013, 10(5): 109-115.

[72] Aeberhard M, Courtois C, LadouxP. Railway traction power supply from the state of the art to future trends [C]. International Symposium on Power Electronics Electrcal Drives Automation and Motion. IEEE Xplore, 2010: 1350-1355.

[73] R. Schmidt, 王勃洪. 德国铁路的标准变流器[J]. 化大功率变流技术,

2003(6): 28-30.

[74] Morimoto H, Ando M, MochinagaY, etal. Development of railway static power conditioner used at substation for Shinkansen[C]. Power Conversion Conference, 2002. PCC-Osaka 2002. Proceedings of the. IEEE, 2002(3): 1108-1111.

[75] 刘洋. 组合式同相供电设计方法研究[D]. 成都：西南交通大学, 2014.

[76] 孙震洋. 单相组合式同相供电技术及王程应用方案研究[J]. 铁道标准设计, 2017, 61(1): 99-102

[77] 李群堪, 张进思, 贺威俊. 适于重载电力牵引的新型供电系统的研究[J]. 铁道学报, 1988,(4).

[78] 郭育华, 连级三, 张昆仑. 自动过分相对电力机车的影响[J]. 机车电传动, 2000,(2): 13-15.

[79] 曾国宏, 郝荣泰. 基于有源滤波器和阻抗匹配平衡变压器的同相供电系统[J]. 铁道学报, 2003, 25(3): 49-54.

[80] 李群堪. 牵引变电所供电分析及综合补偿技术[M]. 北京：中国铁道出版社, 2006.

[81] Filipski P. The Measurement of Distortion Current and Distortion Power [J]. IEEE Trans. on Instrumentation &Measurement, 1984, 33(1): 36-40.

[82] 帅定新, 谢运祥, 王晓刚. 电网谐波电流检测方法综述[J]. 电气传动, 2008, 38(8): 18.

[83] 顾建军, 钱峰, 李凯, 等. 一种基于滑动傅里叶分析的改正谐波电流检测方法研究[J]. 电工电能新技术, 2006, 25(3): 50-53.

[84] 高大威, 孙孝瑞. 基于自适应线性神经元网络的三相畸变电流检测方法及实现[J]. 中国电机工程学报, 2001, 21(3): 49-52.

[85] 马仁政, 陈明凯. 减少频谱泄漏的一种自适应采样算法[J]. 电力系统自动化, 2002, 26(7): 55-58.

[86] 杨桦, 任震, 唐卓尧. 基于小波变换检测谐波的新方法[J]. 电力系统自动化, 1996, 21(10): 39-41.

[87] 王兆安, 杨君, 刘进军. 谐波抑制和无功功率补偿[M]. 北京: 机械工业出版社, 1998.

[88] Kim H, Hi Akagi. The Instantaneous Power Theory on the Rotatingp-q-rReference Frames[C]. IEEE 1999 International Conference on Power Electronics and Drive System, PEDS, Hong Kong, 1999: 422-427.

[89] Xiaoming Yuan, Willi Merk, Herbert Stemmler, and JostAllmeling. Stationary-Frame Generalized Integrators for Current Control of Active Power Filters With Zero Steady-State Error for Current Harmonics of Concern Under Unbalanced and Distorted Operating Conditions. IEEE Transactions on Industry Applications. VOL. 2002, 38(2): 47-49.

[90] 舒泽亮, 廖进. APF 控制器的动静态性能分析[J]. 电力电子技术, 2006, 43(3): 63.

[91] 周晴, 毛亚辉, 赵永彬. 改进的无锁相环无低通滤波器的谐波检测方法[J]. 电测与仪表, 2012, 49(2): 28-29.

[92] 尉冰娟, 王明渝, 张淑国. 无锁相环 ip-iq 法在有源滤波器中的实现[J]. 电力系统及其自动化学报, 2006, 18(2): 50-51.

[93] 王莹. 三电平四象限变流器的控制仿真研究[J]. 机车电传动, 2007(9): 32-35.

[94] 周福林, 李群湛, 丘大强. 基于新型 AT 供电方式的有源同相牵引供电系统[J]. 湖南大学学报: 自然科学版, 2010, 37(4): 24-30.

[95] 魏光. 同相牵引供电系统负序、谐波、无功电流实时检测方法及其补偿策略[J]. 电力系统保护与控制. 2010, 20(1): 32-33.

[96] 周福林, 李群湛, 解绍峰. 无锁相环单相无功谐波电流实时检测方法[J]. 电工技术学报, 2010, 25(1): 178-182.

[97] 陈莉. 同相供电大容量平衡补偿装置研究[D]. 成都: 西南交通大学, 2012.

[98] 王新宇. 注入零序分量 SPWM 调制三电平逆变器直流侧中点电压平衡控制机理[J]. 电工技术学报, 2011, 15(5): 12-13.

[99] 白雪垠. SPWM 控制的三电平电压源型 STATCOM 的研究[D]. 呼和浩特：内蒙古工业大学, 2009.

[100] 黄华. 三电平逆变器中点电位平衡的研究概述[J]. 电气开关, 2008(4): 8-1.

[101] 宋奇吼, 刘文安, 陈莉, 杨飏. 一种新型开关耦合电感准 Z 源逆变器[J]. 电气化铁道, 2017, 28(05): 26-30.

[102] 宋奇吼, 陈莉, 杨飏. 一种新型 Z 源逆变器拓扑结构的研究[J]. 电气化铁道, 2016(06): 17-20.

[103] 刘盛烺, 宋奇吼, 杨飏, 代高富. 基于 MMC 的有源滤波器无差拍控制[J]. 电力电容器与无功补偿, 2016, 37(03): 15-18+23.

[104] 宋奇吼, 杨飏, 童岩峰, 徐百钏. 一种模糊电流预测控制算法在永磁同步电机矢量控制上的应用[J]. 微电机, 2015, 48(11): 81-84.

[105] 刘盛烺, 宋奇吼, 陈莉, 杨飏. 基于潮流控制器的同相牵引供电系统方案研究[J]. 电测与仪表, 2015, 52(18): 63-67.

[106] 刘盛烺, 宋奇吼, 陈莉, 杨飏. 基于 PSO 算法的三电平优化 PWM 方法[J]. 电测与仪表, 2015, 52(07): 57-60+90.

[107] 宋奇吼, 刘文安, 陈莉, 杨飏. 新型三相 Z 源逆变器的研究[J]. 电源技术, 2014, 38(12): 2346-2348+2395.

[108] 宋奇吼, 刘文安, 陈莉, 杨飏. 开关电感 Z 源三电平中点钳位逆变器的研究[J]. 电测与仪表, 2014, 51(18): 104-107+111.

[109] 宋奇吼, 刘文安, 陈莉, 杨飏. 三电平 Z 源逆变器 SPWM 调制策略的研究[J]. 电测与仪表, 2014, 51(14): 83-87.

[110] 宋奇吼, 李学武. 高速铁路接触网对地铁供电系统的电磁干扰研究[J]. 城市轨道交通研究, 2013, 16(12): 42-46.

[111] 宋奇吼, 吉鹏霄. 变电所综合电源监控装置研究[J]. 郑州铁路职业技术学院学报, 2013, 25(02): 33-34+43.

[112] 宋奇吼. 混合补偿治理电气化铁道谐波污染新方法[J]. 电气化铁道, 2010(02): 20-22.

[113] 王刘旺, 黄建才, 等. 基于加汉宁窗的 FFT 高精度谐波检测改进算法[J]. 电力系统保护与控制, 2012, 40(24): 29-30.

[114] 黄薇, 周荔丹. 基于神经网络 PI 重复控制器的三相并联有源电力滤波器[J]. 电力系统保护与控制, 2012, 40(3): 80-81.

[115] 张晓, 李新宇. 三相四桥臂并联型 APF 无差拍控制策略的研究[J]. 电力系统保护与控制, 2011, 39(20): 78-80.

[116] 武健, 刘瑜超, 徐殿国. 基于模块化多电平变换器的并联有源滤波器控制策略研究[J]. 电工技术学报. 2013, 28(12): 53-57.

[117] 邓雪松, 欧开健, 等, 基于无差拍电流控制的 MMC-HVDC 系统控制策略研究[J]. 电力系统保护与控制, 2014, 42(8): 35-46.

[118] Hagiwara M, Akagi H. Control and Experiment of Pulsewidth-Modulated Modular Multilevel Conveters[J]. IEEE Trans. Power Electron, 2009, 24(7): 1737-1746.